叫我怎能不歌唱

——60位翻身农奴的讲述

中共西藏自治区委员会宣传部
西藏日报社 编

北京师范大学出版集团
安徽大学出版社

图书在版编目(CIP)数据

叫我怎能不歌唱:60位翻身农奴的讲述/中共西藏自治区委员会宣传部,西藏日报社编.—合肥:安徽大学出版社,2019.12
ISBN 978-7-5664-0311-7

Ⅰ.①叫… Ⅱ.①中…②西… Ⅲ.①新闻—作品集—中国—当代 Ⅳ.①I253

中国版本图书馆 CIP 数据核字(2019)第 289904 号

叫我怎能不歌唱——60位翻身农奴的讲述
JIAOWO ZENNENG BUGECHANG——60 WEI FANSHEN NONGNU DE JIANGSHU

中共西藏自治区委员会宣传部
西藏日报社 编

出版发行:	北京师范大学出版集团 安徽大学出版社 (安徽省合肥市肥西路3号 邮编230039) www.bnupg.com.cn www.ahupress.com.cn
印　刷:	安徽昶颉包装印务有限责任公司
经　销:	全国新华书店
开　本:	170mm×240mm
印　张:	13.75
字　数:	212千字
版　次:	2019年12月第1版
印　次:	2019年12月第1次印刷
定　价:	86.00元

ISBN 978-7-5664-0311-7

策划编辑:陈　来　王先斌　姜　萍　　装帧设计:李　军　孟献辉
责任编辑:姜　萍　　　　　　　　　　　美术编辑:李　军
责任印制:陈　如　孟献辉

版权所有　侵权必究

反盗版、侵权举报电话:0551—65106311
外埠邮购电话:0551—65107716
本书如有印装质量问题,请与印制管理部联系调换。
印制管理部电话:0551—65106311

《叫我怎能不歌唱——60位翻身农奴的讲述》

主　　编	廖嘉兴　益西加措
编　　委	张晓明　米　玛　张　韬
	王开波　德吉卓嘎　高玉洁
执行编辑	林　敏　玉　珍

叫我怎能不歌唱——60位翻身农奴的讲述

新旧西藏历史变迁的见证
——代序

廖嘉兴

法国著名藏学家亚历山大·达维·尼尔在《古老的西藏面对新生的中国》中写道,旧西藏,所有农民都是终身负债的农奴,他们身上还有着苛捐杂税和沉重的徭役,"完全失去了一切人的自由,一年更比一年穷。"

从8岁起就不得不像成年人一样在克松庄园从事繁重体力劳动的"差巴"达娃,因不堪忍受农奴主残酷压榨而四处逃亡的拉玉庄园"差巴"桑珠卓玛,长到10岁还不知道"布"为何物的扎西绕登寺"朗生"其米,由于羊群啃了地里的一片青稞苗而被管家绑在树上毒打的许木庄园"朗生"次仁卓嘎……60位翻身农奴对旧西藏底层百姓悲惨生活的痛苦回忆,对中国共产党领导下的社会主义新西藏幸福生活的由衷感恩,是对封建农奴制吃人社会的无情控诉,也是对以十四世达赖为首的分裂主义集团和西方反华势力炒作的所谓"西藏人权问题"的有力回击。

西藏自古以来就是伟大祖国不可分割的一部分。由于特殊的历史原因,1959年民主改革前,西藏长期处于政教合一、僧侣和贵族专政的封建农奴制社会,其黑暗、残酷比中世纪欧洲的农奴制度有过之而无不及。

这是人类历史上最为黑暗的一页。经济上,不到西藏人口5%的官家、贵族和寺院上层僧侣三大领主占有西藏的全部耕地、牧场、森林、山川以及大部分牲畜。而超过旧西藏人口90%的"差巴"(租种庄园土地的农奴)和"堆穷"(社会地位比差巴更低、生活比差巴更苦的农奴)不得不依附在某一领主的庄园中为生。更为悲惨的是,还有5%的"朗生"（旧西藏农奴主的家养奴）,世代为农奴主的家奴,他们没有任何生产资料,也没有丝毫的人身自由,被农奴主视为"会说话的牲口"。政治上,三大领主共同掌握着对农奴和奴隶的生杀予夺大权,他们把农奴当作自己的私有财产随意支配,可以买卖、转让、赠送、抵债和交换。旧西藏把人分为三等九级,并通过森严的《十三法典》和《十六法典》将等级制度法律化,规定：上上是至高无上的,命价无法偿还;下下如流浪汉、铁匠、屠夫等,彼等命价值草绳一根。农奴的子女一出生,就登记入册,注定了终身为农奴的命运。文化上,统治阶级利用宗教对社会进行严密的精神控制。他们宣扬"极乐世界"和"来世幸福",以支配、禁锢农奴的思想,使其安于被奴役的命运。

担任过旧西藏地方政府噶伦的全国政协副主席阿沛·阿旺晋美回忆道："记得40年代,一些知心朋友曾多次交谈过西藏旧社会的危机,大家均认为照老样子下去,用不了多久,农奴死光了,贵族也活不成,整个社会就得毁灭。"

民主改革后,在中国共产党的领导下,西藏社会实现了由封建农奴制度向社会主义制度的历史性飞跃。这场西藏历史上最广泛、最深刻、最伟大的社会变革,彻底推翻了政教合一的封建农奴制度,建立了各级人民政权,逐步实行了民族区域自治制度,各族人民成为国家和社会的主人;彻底废除了封建农奴制的生产关系,广大农奴和奴隶有了属于自己的土地、牛羊和生产资料,极大地解放了社会生产力;彻底结束了少数上层封建僧侣贵族垄断文化的历史,藏民族优秀传统文化得到保护和发展,各族人民获得了前所未有的思想解放。在中央政府的大力支持和全国各族人民的无私支援下,西藏的发展水平迈上新台阶,各项事业不断取得新成就。沧海横流,方显本色。历史和现实证明,没有中国共产党就没有社会主义新西藏,就没有西藏各族人民今天的幸福生活和更加美好的未来。

封建农奴制旧西藏与社会主义新西藏,哪种社会制度是在祸害西藏各族人民、在阻碍西藏的发展,哪种社会制度是在造福西藏各族人民、在推动西藏的进步,经历过新旧西藏两重天的西藏各族人民感受最深、最有发言权。在新中国成立70周年、西藏民主改革60周年之际,西藏日报社守正创新、精心策划,在自治区党委宣传部的有力指导和7地市的大力支持下,组织精兵强将,深入全区农村牧区,挖掘、采访了60位翻身农奴,聆听、记录他们在旧西藏遭受的种种不堪回首的屈辱与苦难、在社会主义新西藏享受到的过去连想也不敢想的幸福生活。他们是两种社会制度变迁的亲历者,是西藏短短几十年、跨越上千年历史巨变的见证者,是社会主义新西藏的建设者,是今天幸福生活的创造者,他们的亲身经历,最有说服力。

《叫我怎能不歌唱——60位翻身农奴的讲述》一书,旨在帮助读者认清旧西藏封建农奴制度的反动本质,更加深刻地认识中国特色社会主义制度的无比优越性。在当前深入学习贯彻党的十九届四中全会精神、开启推进国家治理现代化新境界的新形势下,我们更希望该书在对广大读者坚定中国特色社会主义道路自信、理论自信、制度自信、文化自信上有所裨益。该书采取文字+图片+二维码的融媒体方式,以新闻的语言、图片和视频的形式,用真实的事实,原汁原味地展示农奴的人生经历,反映新西藏的沧桑巨变和人民生产生活的巨大变迁。这也是《西藏日报》践行增强脚力、眼力、脑力、笔力这一做好新时代宣传思想工作必然要求的新尝试。

是为序。

(作者为西藏日报党委副书记、总编辑)

目录

跨越苦难创造幸福
　　——记翻身农奴、山南市乃东区昌珠镇克松居委会达娃 ………… 001
共产党来了苦变甜
　　——记翻身农奴、林芝市巴宜区更章村卓卓 ………………………… 005
"现在我有四个家"
　　——记翻身农奴、昌都市卡若区日通村扎曲 ………………………… 008
"好日子就是我的长寿秘诀"
　　——记翻身农奴、拉萨市曲水县三有村桑珠卓玛 …………………… 011
"是共产党给了我们自由和新生"
　　——记翻身农奴、林芝市米林县扎西绕登乡吞布容村其米 ………… 015
隆玛河畔幸福歌
　　——记翻身农奴、那曲市聂荣县白嘎村罗吉 ………………………… 018
"那块种了一辈子的田属于我了"
　　——记翻身农奴、江孜县热索乡帮日村普布多吉 …………………… 021
许木村第一位女干部
　　——记翻身农奴、山南市桑日县白堆乡许木村次仁卓嘎 …………… 024
"解放军来救我们了"
　　——记翻身农奴、阿里地区改则县抢古村乡村医生桑巴 …………… 028
"把共产党的恩情说出来！"
　　——记翻身农奴、阿里地区日土县热角村次仁德吉 ………………… 032
"做梦都想不到的幸福"
　　——记翻身农奴、那曲市色尼区古露镇四村青饶 …………………… 036

幸福，从一袋糌粑开始
　　——记翻身农奴、当雄县公塘乡拉根村罗觉 …………………… 040
"我永远记得那名叫王佳的解放军战士"
　　——记翻身农奴、日喀则市亚东县帕里镇一社区次仁罗布 ……… 043
"当兵入伍是我一辈子的骄傲"
　　——记翻身农奴、山南市琼结县加麻乡加麻村索朗占堆 ………… 047
一甲子人生，两次华丽转身
　　——记翻身农奴、拉萨市堆龙德庆区乃琼村扎巴旺丹 …………… 051
旧西藏贫困放羊娃　新西藏致富带头人
　　——记翻身农奴、那曲市安多县扎仁镇纳色社区二组阿弟 ……… 055
"共产党的恩情永远不能忘！"
　　——记翻身农奴、拉萨市城关区蔡公堂街道恩惠苑社区贡嘎 …… 059
"共产党是帮助穷人的"
　　——记翻身农奴、阿里地区噶尔县昆莎乡噶尔新村次旦 ………… 063
"感党恩听党话跟党走，是我一生的信念"
　　——记翻身农奴、昌都市芒康县木许乡木许村帕拉组邓巴 ……… 067
"共产党给了我幸福生活"
　　——记翻身农奴、山南市乃东区昌珠镇色康社区坚才 …………… 070
"房子越来越大，生活越来越好"
　　——记翻身农奴、日喀则市桑珠孜区波姆庆社区边巴仓木决 …… 074
从住牛棚到住"别墅"
　　——记翻身农奴、林芝市工布江达县朗村平措旺堆 ……………… 077
"共产党让我获得了新生"
　　——记翻身农奴、日喀则市康马县少岗乡朗巴村宗吉 …………… 080
"跟着共产党走，我干劲十足！"
　　——记翻身农奴、阿里地区革吉县布贡村村民久美 ……………… 083
雅江河畔的悲与喜
　　——记翻身农奴、林芝市朗县朗巴居委会居民德曲 ……………… 087

驱散乌云，放羊娃成了致富"领头羊"
　　——记翻身农奴、山南市桑日县里龙村村民桑珠 ………… 090
"忘不了睡羊圈的苦日子"
　　——记翻身农奴、昌都市左贡县德列比村村民四朗欧珠 ………… 093
"旧西藏赋税比天上的星星还多"
　　——记翻身农奴、山南市扎囊县阿扎村村民扎西罗布 ………… 097
"旧西藏的苦日子不堪回首"
　　——记翻身农奴、林芝市巴宜区唐地村村民宗巴 ………… 101
旧西藏的"野崽子"成了新西藏的"小老师"
　　——记翻身农奴、山南市贡嘎县刘琼村村民仁增曲珍 ………… 104
告别了穴居生活
　　——记翻身农奴、山南市扎囊县桑玉村村民群增卓嘎 ………… 108
经历过寒冬的人更能体会阳光的温暖
　　——记翻身农奴、那曲市比如县夏曲镇夏曲卡居委会居民热旦 ………… 111
昔日无家可归　今日儿孙满堂
　　——记翻身农奴、日喀则市岗巴县昌龙乡亚欧村村民潘多 ………… 114
"这辈子吃的第一碗白米饭是解放军给的"
　　——记翻身农奴、昌都市左贡县旺达镇东达村村民次拥珍宗 ………… 117
"我们离北京很远，心里感觉却非常近"
　　——记翻身农奴、墨竹工卡县唐加乡莫冲村村民索朗罗布 ………… 121
"我家出了4个大学生"
　　——记翻身农奴、江孜县紫金乡卡热村村民边普 ………… 125
"我成为新西藏的国家干部"
　　——记翻身农奴、日喀则市仁布县仁布乡行夏村多庆 ………… 128
"我家分到40亩地"
　　——记翻身农奴、洛隆县孜托镇加日查村村民加永巴旦 ………… 131
"解放军给了我两次重生"
　　——记翻身农奴、拉萨市城关区白定村村民达嘎巴珠 ………… 134

"记得那是我第一次吃饱饭"
　　——记翻身农奴、林芝市朗县金东乡东雄村村民拉吉 …………… 137

"宣讲是我一生的事业"
　　——记翻身农奴、那曲市巴青县雅安镇二村村民塔萨 …………… 140

"我们迈步走在社会主义幸福的大道上"
　　——记翻身农奴、那曲市嘉黎县鸽群乡咔嘎改村村民其美 ………… 143

"共产党来了苦变甜"
　　——记翻身农奴、尼木县吞巴乡吞达村索朗罗布 ………………… 146

"我想看看祖国的新变化!"
　　——记翻身农奴、林芝市米林县扎绕乡多卡村尼玛旺久 …………… 150

"能为大家做点事,我过得有意义"
　　——记翻身农奴、那曲市巴青县玛如乡改加村吉折 ……………… 153

"历经岁月变迁　更加感念党恩"
　　——记翻身农奴、措勤县门东寺僧人曲桑 …………………… 156

离岗不离党　退休不褪色
　　——记翻身农奴、札达县退休老干部洛桑 …………………… 159

"是共产党给了我想要的生活"
　　——记翻身农奴、日喀则市桑珠孜区江当村村民平措 …………… 162

听嬷啦讲那过去的事情
　　——记翻身农奴、拉萨市达孜区德庆镇白纳村赤列 …………… 165

"把好日子过下去!"
　　——记翻身农奴、拉萨市尼木县续迈乡河东村阿旺格桑 ………… 169

"过去债摞债,现在补贴多!"
　　——记翻身农奴、山南市贡嘎县东拉乡芝龙村次仁旺久 ………… 173

"好日子都是党给的!"
　　——记翻身农奴、昌都市洛隆县硕督镇硕督村多吉平措 ………… 177

"我打心底里感谢党的恩情"
　　——记翻身农奴、边坝县叶嘎村村民其美仁增 ……………… 180

"解放后才过上好日子"
　　——记翻身农奴、嘉黎县斯定咔村村民旺扎 …………… 183
"共产党给了我新生"
　　——记翻身农奴、丁青县康富路街道居民勇忠旺扎 …… 186
"织"就幸福生活
　　——记翻身农奴、日喀则市白朗县桑巴村白玛 ………… 189
"时刻铭记党的恩情"
　　——记翻身农奴、岗巴县果措村欧珠 …………………… 192
"助人是快乐之本"
　　——记翻身农奴、拉萨市城关区八一社区居委会土登 … 195
"要珍惜现在的幸福生活"
　　——记翻身农奴、曲松县邱多江乡宗须村扎西顿珠 …… 199
"幸福生活我还没有过够"
　　——记翻身农奴、普兰县赤德村阿旺 …………………… 203

叫我怎能不歌唱——100位翻身农奴的讲述

跨越苦难创造幸福

——记翻身农奴、山南市乃东区昌珠镇克松居委会达娃

刘 枫

身份背景

达娃,女,生于1937年4月,现年82岁,山南市乃东区昌珠镇克松居委会居民。西藏民主改革以前,达娃一家5口人都是克松谿卡(西藏民主改革前属于官府、寺院和奴隶主的庄园)的"差巴"(租种庄园土地的农奴),没有人身自由,没有土地,常常食不果腹、衣不蔽体。达娃从小在庄园内干活、支差,备受欺辱。民主改革后,达娃居住在克松居委会,先后育有7个子女,生活安定富足。目前,她与女儿巴珠、女婿巴桑多吉、儿子平措、外孙女旦增卓嘎生活在一起。

2019年2月18日,克松居委会,上午11点,阳光正好,温暖如春。

82岁的达娃老人坐在自家的阳光棚下,一边呷着酥油茶,一边听着外孙女旦增卓嘎练习"扎念"(藏式六弦琴)。老人的儿子平措在一旁指点着,琴声和笑语交织在一起。

看到记者进门,达娃脸上笑容更加灿烂。老人面容沧桑但精神矍铄,她起身要给记者搬藤椅,还嘱咐儿子平措去端糖果和牛肉干。

"嬷啦(奶奶),您身体可还硬朗啊?"

"托国家的福,吃得香、住得好,除了有点耳聋,腰不酸、脚不疼,好着呢。"

60年前,达娃怎么也想不到,一家人的生活会像今天这样安泰、惬意。

"我8岁起就在庄园里干活,吃尽了苦头。"达娃回忆说,"那时候我们种的粮食全都要交给庄园,庄园每年只给我们100来斤青稞,根本就不够吃。如果交的粮食达不到要求的话,租的土地还要被收回去,我们就会变成乞丐。"

"不光吃不饱饭,住得更差。房子是用土垒起来的茅屋,又黑又冷。家里除一张小木桌、一个茶壶、几个碗之外啥都没有。衣服、被子都是捡庄园主扔掉的破布缝在一起的。"老人回忆说。

"我小时候就得干和大人一样的活。天不亮就得起来种地,星星都出来了才准回去。干活全靠一双手,拔草拔得手上全是血泡,而且随时都有可能挨打。有一次,我正在浇地,管家说我干得不好,上来就是两耳光,又把我踹倒在地。不仅如此,我的弟弟被庄园主送走,我们也不敢吭声,只能默默流泪。"说起这段痛苦的往事,老人眼里闪着泪光。

民主改革以前的克松人,生活在无尽的黑暗中,他们只是"会说话的牛马",连基本的生存权都得不到保障,人身自由更是奢望。

1959年,声势浩大的民主改革运动在高原蓬勃开展,封建农奴制度土崩瓦解。

"当时庄园管家跟我们说,解放军来了要杀人放火,我们吓得躲到了山上。"达娃喝了一口酥油茶,接着说,"可是,解放军不但没有杀人放火,还给我们送水、送糌粑。一个叫扎西刚才的康巴干部告诉我们,解放军把庄园主赶跑了,是来解放我们,给我们分土地的。"

乡亲们这才半信半疑地回到庄园。在解放军和工作队的主持下,所有村民都分到了土地。

"按当时的标准,我家分到了19亩地,地契、债务全烧了,种出的粮食全都是我们自己的。分土地那天,阿妈哭着对我说,我们的好日子来了!"

1959年7月,达娃代表全家参加了民主"豆选"(将豆子扔到自己认为有资格成为村干部的人的碗里),选出了西藏历史上第一个农民协会。

农奴主的克松庄园从此成为克松人的克松村,"西藏民主改革第一村"便诞生了。

以这里为转折点,缓慢流淌的历史长河,在历经澎湃激荡之后,走向了新的方向。广大农奴站了起来,成为自己的主人。

60年风雨沧桑,苦尽甘来,人民创造了历史。

靠着勤劳打拼,达娃一家人过上了富足安稳的生活。她的7个子女中,有当医生的、有跑客运的、有做建筑工人的……人人都有事做,有收入。

"现在看病有医保,上学不花钱,国家给补贴,村里还经常演大戏,谁不说咱生活好!"

中午的阳光更加明媚,照在达娃的手腕上,银镯子锃明彻亮。她领着记者参观她家的房子。

达娃家的二层小楼2009年落成,有11个房间,她和儿子、女儿、女婿、外孙女住在这里。2018年重新装修后,有了WIFI,买了3套家具、4台电视机、1个四开门大冰箱,宽敞亮堂、干净整洁。

"这是我们第二次翻修房子了,这在我小时候哪敢想啊,那时候住得还不如现在的牛棚。如果阿妈也能活到今天,该多好啊!"达娃感慨道。

从民主改革前的茅屋,到20世纪80年代的4间土坯房,再到如今300平方米的楼房,住房变化是达娃一家生活变迁的缩影。

达娃(右)向女儿巴珠讲述过去那段痛苦的人生经历(刘 枫 摄)

除了住，吃的变化也是天翻地覆的。"小时候糌粑很难吃上，土豆都没见过，经常饿着肚子干活。现在想吃什么有什么，村口就有饭馆，一年四季不断肉。"达娃指着门廊上挂着的一条条风干肉，露出笑容。

2018年，达娃家年收入近10万元，还购买了一辆越野车。达娃经常坐着汽车去泽当逛街、过林卡，一家人其乐融融。

达娃的人生变迁，反映的是西藏的巨变。从这里，我们看到了民主改革60年来，在中国共产党的领导下西藏人民辛勤耕耘、团结奋发开创出的幸福大道。

达娃（右二）一家其乐融融（刘 枫 摄）

（扫描二维码了解更多视频、图片内容。）

共产党来了苦变甜
——记翻身农奴、林芝市巴宜区更章村卓卓

张 猛　王 珊　张淑萍

身份背景

卓卓,女,生于1950年2月,现年69岁,家住林芝市巴宜区更章门巴民族乡更章村。1959年西藏民主改革前,卓卓一家4口人都是多布庄园(位于现林芝市巴宜区尼洋河畔,海拔较低、土地肥沃、林木丰茂)的农奴,起早贪黑帮庄园主种地、放牛、放羊,吃不饱、穿不暖,还经常挨打。1959年,民主改革运动在高原蓬勃开展,封建农奴制度被彻底废除,卓卓和家人的命运也发生了巨大变化。民主改革后,卓卓一家的生活越来越好,如今四世同堂,幸福美满。

2019年2月19日上午10点,在更章村卓卓家的小院里,记者和卓卓的儿女们围坐在老人身边,一边喝着香醇的酥油茶,一边倾听老人讲述自己的亲身经历。

"从我记事起,我爸妈就在多布庄园种地、放牛、放羊,每天天不亮就开始,晚上很晚才能回来。"卓卓说,她的幼年是在饥寒交迫中度过的。

"那时候家里连个像样的房子都没有,全家人挤在用石块、烂木头和树枝搭建的小屋里,夏天漏雨,冬天风雪呼呼地往屋里钻,连庄园主家的猪圈都不如。"回忆起这些往事,卓卓感慨万千,"当时家里4口人连一件完整的衣服都没有,更别说被子了。冬天,全家人只能挤在一块,冻得直发抖。不仅受冻,挨饿更是常态,吃一顿饱饭简直就是奢望。一年中有几

个月,我们什么吃的都没有,饿极了就吃树皮、喝雪水。"

"当时村里都是农奴,大家生病的时候,就用童子尿治一下,严重了就只能听天由命,医生是请不起的。"卓卓回忆道。

旧西藏的教育,更是卓卓心中的痛。"农奴是没有权利接受教育的,我们家祖祖辈辈都是文盲,民主改革前我连字是什么都不知道。"

1959年,西藏民主改革的东风吹到了这里。"当时,大家私下里都在传毛主席要废除农奴制度,要给大家分地、分牛羊。多布(多布庄园主)知道后很生气,不允许我们讨论这些,还派人去抓参与讨论的人。"

1959年3月的一天,一支解放军队伍驻扎在多布庄园附近修路。"当时我和几个小孩,因为好奇,就去看他们修路。一个解放军战士看到我没穿鞋子,脚冻得又红又肿,就拉着我去他们营地,给我洗了脚,抹了冻伤药,还把他的一双鞋子送给了我。虽然鞋子不合脚,但这却是我人生中的第一双鞋子。"卓卓激动地说。

卓卓老人(中)和孩子们在自家小院中晒着太阳,聊着天

(张猛 王珊 摄)

"听说农奴制度被废除的消息,我们全家激动得一夜没睡。"卓卓眼睛有些湿润地说,"当时,所有人一起高喊'共产党万岁',这个场景我一辈子也不会忘!"

"民主改革后的日子越来越好,第二年,我们家就都能吃饱穿暖了。12岁时,我上了扫盲班,读了两年多书,基本可以看懂报纸了。"卓卓很自豪,"1970年,我算是村里为数不多的'文化人',就被村民选为村妇女主任兼会计。"

如今,卓卓老人生活的更章村,村容干净整洁,水泥路通到每家每户门前,藏式小楼一栋挨着一栋,小汽车也随处可见,处处欢声笑语,村民的生活比蜜还甜!

(扫描二维码了解更多视频、图片内容。)

"现在我有四个家"
——记翻身农奴、昌都市卡若区日通村扎曲

万 慧

> **身份背景**
>
> 扎曲,男,1951年1月生,现年68岁,昌都市卡若区日通乡日通村村民。1959年西藏民主改革以前,全家7口人都是桑多德瓦家族的"堆穷"(社会地位比差巴更低、生活比差巴更苦的农奴)。桑多德瓦家族的势力范围在现在的卡若区如意乡桑多村一带,庄园主名叫桑多德瓦·多吉扎西。民主改革后,扎曲一家生活越来越好。扎曲因照顾弟弟、妹妹和身患疾病的父母一直未婚,年迈的他现生活在卡若区特困人员供养服务中心。扎曲的弟弟次旺、妹妹德嘎和次西均儿孙满堂,幸福美满。

澜沧江的水滔滔不绝,吟唱着古老的歌谣。站在江边回味过往,浪花里留下了历史永不磨灭的印迹……

2019年2月22日中午,在卡若区特困人员供养服务中心休闲大棚下,老人们或闲话家常,或看书下棋,悠然自得。

"你好!"一位头戴棕色礼帽、身穿黑色棉服、脚穿灰白条纹运动鞋的老人步伐稳健地走过来跟记者握手。

"您是扎曲老人吧?"

"是!是!"今年68岁的扎曲对普通话一点都不陌生。

"波啦(爷爷),您在这生活得还好吧?"

"我在这儿吃穿不愁,住得也很舒服,有好多人照顾我们,还有很多朋友一起做伴,很幸福。"扎曲笑得眼睛眯成了一条缝。

扎曲与卡若区特困人员供养服务中心的朋友们闲谈(万 慧 摄)

西藏民主改革以前,扎曲无论如何也想不到,会有今天如此安逸的幸福生活。

"我们一家7口人都住在庄园主田地边50平方米左右的土坯房里,其中有30多平方米是用石头和泥巴堆砌成的仓库,并上了锁,我们就挤在十几平方米的地方,没有床、没有桌椅、没有灶台和碗筷。"谈起民主改革以前的生活,扎曲眼睛有些湿润,"我父母、舅舅和我4个人要种60亩地,每年收获的粮食全部上缴,我们只能分到100多斤粮食,根本不够吃,能吃的野果我们都吃过。那时候,没有衣服穿,我们就把捡来的牛皮或羊皮晒干了用手搓软,再用剪刀剪成衣服的形状穿在身上。小孩子基本都是光着脚丫,大人们的鞋子也是用几块牛皮或羊皮随意缝起来的。"

那时候,像扎曲一样的广大农奴在三大领主的剥削和压迫下,敢怒而不敢言,整个昌都地区一片死寂。

1959年,民主改革的一声春雷,唤醒了这片沉睡的土地。在共产党的领导下,广大农奴得解放,开始当家做主。

"解放军给了我们人身自由和尊严,还分给我们土地,帮我们种庄稼、捡牛粪、打水、扫地等,我们都管他们叫'菩萨兵'。"扎曲回忆道,按照当时的标准,他家分了14亩地、1头耕牛、2头奶牛、1匹马,还有一些农具。

历史的车轮滚滚向前。民主改革后,在乡政府的安排下,扎曲得到了去拉萨学习的机会。有了知识,回乡后,扎曲当起了邮递员,开上了拖拉机,日子也一天天好了起来……

由于要照顾弟弟、妹妹和身患疾病的父母,扎曲一直没娶妻。2018年6月,在日通乡政府的劝说和安排下,扎曲住进了卡若区特困人员供养服务中心。

"我在供养服务中心的日子很自在,每逢节假日市里举办活动,我和朋友就会向院长请假,一起坐公交车去看热闹。想念弟弟、妹妹的时候,我也可以随时请假去他们家小住几天。"说起家人,扎曲乐得合不拢嘴。

"现在我有4个家,弟弟次旺家、妹妹德嘎家和次西家,还有卡若区特困人员供养服务中心的大家庭,我对

扎曲在卡若区特困人员供养服务中心看书
(万慧 摄)

现在的生活很满足!"扎曲情不自禁地说,"共产党是咱的大恩人,党的恩情真是说也说不完!"

(扫描二维码了解更多视频、图片内容。)

"好日子就是我的长寿秘诀"
——记翻身农奴、拉萨市曲水县三有村桑珠卓玛

裴 聪　刘斯宇　格桑伦珠

身份背景

桑珠卓玛,女,生于1937年6月,现年82岁,拉萨市曲水县达嘎乡三有村人。1959年西藏民主改革以前,桑珠卓玛及父母、两个姐姐都是拉萨功德林寺位于曲水的拉玉庄园的"差巴",从小在庄园内劳作,没有人身自由,常常吃不饱、穿不暖,备受欺辱。桑珠卓玛10岁时父母就撒手人寰。1955年,桑珠卓玛和一个姐姐不堪重负,与姨妈3人一起步行一个多月逃到日喀则亚东边境。民主改革后,桑珠卓玛回到出生地(现在的曲水县曲水镇曲甫村),开始新的生活。

1963年,桑珠卓玛和其他9名村民一起加入了中国共产党,积极宣传党的惠民政策,组织村民发展生产,日子一天比一天好。2016年,桑珠卓玛一家享受易地扶贫搬迁政策,搬到了位于拉萨河畔的三有村,住进180平方米的两层藏家小院,晚年生活惬意舒畅。

初春的拉萨晴空万里,碧绿的拉萨河水静静流淌。走进曲水县三有村,映入眼帘的是一排排特色鲜明的藏式小楼,村落街道整洁宽敞,鲜艳的五星红旗飘扬在家家户户楼顶。

相比拉萨其他县区,曲水县的春天要来得早一些。隆重的春耕春播仪式刚结束不久,82岁的桑珠卓玛老人身着藏袍,站在自家楼顶上,望着

远处翻过的土地,脑海里又泛起一幕幕往事。

桑珠卓玛老人经历了新旧西藏两重天,也和土地打了一辈子交道。不同的是,在旧社会,她为农奴主而活,生活凄惨;在新西藏,她为自己而活,生活体面有尊严。

"民主改革前,我全家人都是拉萨功德林寺位于曲水的拉玉庄园的'差巴'。当时,庄园里有不少农奴因差役繁重,吃不饱、穿不暖,在寒冷的冬天被冻死、饿死。我10岁那年,父母也因此早早地离开了我们。13岁的时候,我就成了'差巴',为农奴主没日没夜地干活。那时候,和我一样的小'差巴'有40多个。"提起往事,桑珠卓玛陷入了沉思。

"1955年,我、姨妈和姐姐3人不堪重负,选择逃跑。当时,逃跑的农奴如果被抓回来,面临的就是毒打。为了不被逮到,我们只能一直往前走,越远越好。"桑珠卓玛回忆道,"我们身上带的粮食才几天就都吃完了,不得不沿路乞讨。逃到亚东后,我们发现像我们一样逃跑的农奴还有很多,大家一起艰难地维持生计。"

德庆拉姆(三有村卫生院医生)作为桑珠卓玛老人的家庭医生,坚持每周4次上门免费为老人检查身体

(格桑伦珠 摄)

"1959年,解放军把我们这些流浪的农奴召集起来,向我们宣布西藏实行了民主改革,废除了农奴制度,我们获得了人身自由,并告诉我们,可以选择继续留在这里,也可以回到自己老家去。"桑珠卓玛和姐姐选择了回到曲水。

回到曲水后,桑珠卓玛和两个姐姐每人分到2亩土地。第二年春天,她们用心在田地里播下了青稞。秋收季节,看着一筐筐属于自己的粮食,心里激动了好几天。

"在旧社会,我们给庄园主种地,没日没夜地干活,却没有一粒粮食属于自己。庄园主每年春天来庄园给农奴送种子,秋天气势汹汹地来庄园收债,稍有不慎,就会把人关进黑屋一顿鞭打。"桑珠卓玛对记者说。

1963年,桑珠卓玛和其他9名村民自愿加入了中国共产党。成为一名党员的桑珠卓玛,积极宣传党的各项方针政策,担任了生产小组副组长,一心一意发展农业生产。

2016年,桑珠卓玛老人一家享受易地扶贫搬迁政策,从曲水镇曲甫村搬到了达嘎乡三有村。"你们知道三有村的'三有'是什么意思?就是有房子、有健康、有产业。"老人乐呵呵地对记者说。

现在,桑珠卓玛居住的两层藏家小院有180平方米,家里干净整洁,客厅里藏式家具、电器设备样样俱全。

"现在的生活多美好呀!在党和政府的帮助下,我们一家人免费住进了这么大、这么好的新房子。女儿果果在县政府做保洁员,每个月都有固定的收入。去年,外孙女阿旺卓玛大学毕业后,考到了林周县强嘎乡中心小学附属幼儿园,成为一名幼师,小外孙在县城里上小学3年级……"说起现在的生活,桑珠卓玛脸上乐开了花。

"在旧社会,从我的老家到拉萨,坑坑洼洼的土路要走上3天;现在,宽敞的水泥路修到了家门口,坐车1个小时就能到拉萨,连村里都有红绿灯了。在旧社会,像我父母那样的农奴被冻死饿死了根本没人管;现在,我们普普通通的老百姓都有医疗、教学、住房保障,签约的家庭医生隔三差五就上门来为我检查身体,生活既踏实又幸福。作为一名老党员,我每个月还有500多元的补贴。"桑珠卓玛说,搬到三有村后,她也继续发挥老党员的作用,用自己的亲身经历,积极向村民宣讲党的好政策。

采访中，记者惊讶于老人的眼力、耳力、记忆力和敏捷的思维，向她讨教健康长寿的秘诀，"现在政策好，生活幸福，这好日子就是我健康长寿的秘诀！"笑意荡漾在桑珠卓玛布满皱纹的脸上。

冬天，桑珠卓玛老人很喜欢在新家大院里晒太阳

（格桑伦珠 摄）

（扫描二维码了解更多视频、图片内容。）

"是共产党给了我们自由和新生"

——记翻身农奴、林芝市米林县扎西绕登乡吞布容村其米

王 珊　张 猛　张淑萍

身份背景

其米，女，生于1949年10月，现年70岁，林芝市米林县扎西绕登乡吞布容村村民。1959年西藏民主改革以前，其米全家10口人，都是扎西绕登寺的"朗生"（旧西藏农奴主的家养奴），没有人身自由，没有土地和牲畜，常常食不果腹、衣不蔽体，从小在寺庙干活。民主改革后，其米一家分到了土地和牲畜，日子越过越好。现在，其米儿孙满堂，生活幸福美满。

扎西绕登寺是500多年前由扎西和绕登两位僧人在扎西绕登乡建立的，扎西绕登乡因扎西绕登寺而得名。民主改革前，扎西绕登寺所在的雪巴村村民全部隶属于这所寺庙，都过着水深火热的生活。1959年8月，米林县开展轰轰烈烈的民主改革，对扎西绕登寺进行了"三反三算"（反对叛乱、反对奴役、反对封建特权和算政治迫害账、算阶级压迫账、算经济剥削账）运动，将没收的土地、牲畜、粮食、房屋及其他财产分给了农牧民群众。

从米林县出发，沿着扎绕河，驱车1个小时便进入扎西绕登乡吞布容村。眼前的村庄干净整洁，色彩斑斓的藏式民居屋顶，五星红旗高高飘扬。走进其米家，她正和几个外孙在院子里悠闲地晒着太阳。

"民主改革前,我家世代都是扎西绕登寺的'朗生'。从我记事起,5个哥哥都在扎西绕登寺干活,一年见不上几次。因为我年龄小,就和父母住在牧场的帐篷里,帮着放牧。一天只有两顿饭,早上吃糌粑,下午就吃现在牛吃的那种粗面饼子,所有的食物还要限量。"其米老人指了指茶几上的酥油茶碗说,"家里稍微大点的孩子可以吃两碗,小一点的只能吃一碗。"

"我们一年四季都住在牧场的帐篷里。运气好的时候,可以捡到寺庙不要的皮子拿来当褥子或被子,我10岁之前从来没穿过裤子,也不知道布是什么东西。冷的时候一家人就抱在一起取暖,遇上下雨天,早晨起床身上都是湿的。"其米老人回忆说,"当时的人生病了,就随便摘点草药胡乱吞下,有没有毒根本顾不上。听说,有人就是因为误吃了有毒的草药送了性命。如果病重一点,就只能听天由命,整个牧场的奴隶都是这样的。当时的女人生完孩子,就要马上下地干活。"

"我的哥哥们8岁时就被送到寺庙,他们在寺庙干活也一样吃不饱穿不暖,还经常挨打。听我一个哥哥说,有一次,寺庙的一位老僧人让他立即制作7块酥油,哥哥只完成了6块。那位僧人就用石头不停地砸哥哥,至今,我那个哥哥额头上的伤疤还能看得见。"其米擦了擦眼泪,继续说:"我觉得自己能够苦撑苦熬地活下来,是一件很不容易的事情。弟弟妹妹出生的时候,我就问爸妈,为什么要生我们,为什么不把我们直接埋了?"

"未遇酸的,不知甜的。"这是其米老人时常挂在嘴边的一句当地谚语。

1959年,民主改革的春风吹到米林县。其米的5个哥哥从寺庙回到了牧场的家中,一家人终于团聚了。

"当时根本不敢相信我们有了人身自由,只是很珍惜这次团聚,一家人挤在狭小的帐篷里紧紧抱在一起,随时担心哥哥们会被寺庙的人抓走。"其米对记者说,在担惊受怕的一个月里,不断有好消息传到牧场,"我们翻身了""我们有土地了""我们是自己的主人了"……

"一个月后,父母才带着我们下山,回到村里。当时工作队考虑到我家一直放牧,给我们分了60多头牛,还在村里给我们一家人分了房子。"其米微笑着说。

其米清楚地记得,当时,工作队办公的地方挂着一张毛主席像。每次父母带着其米经过的时候,都会说:"孩子,你一定要记住毛主席,是他解救了我们,是他给了我们自由,是他让我们吃得饱,穿得暖。"

亲身经历的一切,让其米深知唯有中国共产党才能带领老百姓过上幸福生活。19岁时,其米递交了入党申请书,自愿加入中国共产党。20岁时,其米正式成为一名共产党员。"当时,我是村里唯一的党员,我相信党,相信毛主席,从入党的那一刻起,我就下定决心,要全心全意为人民服务。"从村民兵班长到村党支部副书记,其米一直用实际行动践行着这句话。她还经常结合自己的亲身经历,向人们宣讲旧西藏的苦和新西藏的甜。

临近中午,其米一再挽留我们用餐。藏猪肉、牦牛肉、白面饼子等一并上桌,老人打趣道:"这饼子可不是我们当年的饼子,当年的饼子现在都成了牛饲料了。"

其米(左三)一家人在院子里聊天晒太阳(王 珊 摄)

(扫描二维码了解更多视频、图片内容。)

隆玛河畔幸福歌
——记翻身农奴、那曲市聂荣县白嘎村罗吉

张 宇　王晓莉

> **身份背景**
>
> 罗吉，男，生于1935年12月，现年84岁，家住那曲市聂荣县下曲乡白嘎村。民主改革前，罗吉一家4口人，隶属于阿扎买玛部落，遭受领主的压榨和盘剥。
>
> 罗吉回忆，1954年，家中牲畜被盗光，他们沦为"堆穷"，罗吉被迫卖身给昌都寺（昌都寺，位于现聂荣县下曲乡一村）做苦力，备受欺凌。如今，罗吉儿孙绕膝，家庭成员增至37人，四世同堂，生活幸福。

蜿蜒曲折的隆玛河，宛如一条蓝色的哈达，守望着一旁的白嘎村。

隆玛，藏语意为"平坦肥沃的红土地"。这里有丰美的草场，在阳光下闪着金光，牛羊点缀其上，蔚蓝色的苍穹与天边的群山构成一幅绝美画卷。

初春的一天，记者在村干部的带领下，走进白嘎村的一幢藏式小院。看到记者一行，屋主罗吉老人连忙将我们请进屋里。虽然已是84岁高龄，但老人依旧红光满面、精神矍铄。

走进屋里，茶几上摆满了风干牦牛肉、拉拉、卡赛，壁柜上摆放着各种荣誉证书。

简单寒暄后，罗吉老人聊起了尘封往事。

"我20岁之前，家里有20多头牛、30多只羊，虽然听上去条件还算不

错,但领主无休止地剥削我们,光支差就有酥油差、牛羊毛差、肉差、人头差等12个名目,每年所获几乎全部上缴,所剩无几。"罗吉老人声音哽咽,控诉着旧西藏的黑暗。

1954年,罗吉老人家中的牲畜被盗光,他们沦为"堆穷",罗吉被迫卖身到昌都寺做苦力,从此与家人分离。

"那时是真的苦。我们在外放牧,几个月才能回来一次,晚上住在破旧的帐篷里,最怕夏天的雨和冬天的风,更谈不上个人卫生了;吃的就更差了,一年到头也吃不到两三次糌粑,只能靠挖野菜充饥。""民主改革前,随处可见农奴讨饭。他们光着脚,穿着破衣烂衫,手里拿着破碗,沿路乞讨。不少农奴还有残疾,大部分都是被农奴主迫害所致。"罗吉老人深吸一口气,继续说,"我虽然没有被毒打的经历,但却亲眼看到身边和我一样身份的农奴,因为犯了一点小错,就被虐待和折磨。我常常在想,这样的苦日子什么时候才能到头?"回忆起往事,罗吉老人至今仍心有余悸。

1959年,民主改革的春风吹到藏北,羌塘草原迎来了光明的曙光,罗吉老人回到了家,盼望已久的幸福终于来临了!

"1960年,我和妻子新婚不久,就分到15头牦牛、8只绵羊,以及不漏风雨的牦牛皮帐篷,兴奋得一整夜没睡着。"回想起领到这些东西时的情景,罗吉老人至今仍有些激动,"以前,我们不管把活儿干得多好,都得不到一件赏赐的东西;现在,我们有了属于自己的帐篷、草场和牛羊,每年的畜产品留够家里人食用,多余的还可以卖了赚钱,日子也是越过越好。"

1960年,村里成立了互助组,罗吉老人因勤劳踏实被选为组长;人民公社成立后,又被村民选举为秘书;1973年,罗吉老人光荣地加入了中国共产党,先后5次荣获"优秀共产党员"称号。

"我打心眼儿里感激共产党,自己成为一名党员后,也希望能带着乡亲们过上好日子。"如今,早已脱贫的白嘎村,村民的幸福指数不断提升,罗吉家的日子也越过越红火。

无论是摆在客厅里的藏式家具、挂在墙上的液晶电视,还是停在门前的大卡车、小汽车,以及远处数不清的牛羊,这一切,无不展现出罗吉老人家今天富足的生活。

"旧社会,吃不饱,穿不暖;现在,想吃什么就吃什么,想穿什么就穿什

么。过去生病了只能听天由命,而现在,医疗费由国家报销,村村有医生,还能上门诊治。不仅如此,我每年还可以领到1800元的生活补助,这让我怎能不赞美我们伟大的祖国,怎能不歌唱今天的幸福生活!"望着远处静静流淌的隆玛河,罗吉老人脸上洋溢着幸福的笑容。

罗吉老人(右二)与家人合影(王利均 摄)

(扫描二维码了解更多视频、图片内容。)

"那块种了一辈子的田属于我了"
——记翻身农奴、江孜县热索乡帮日村普布多吉

扎西顿珠　张　斌

身份背景

普布多吉，男，1933年出生，现年86岁，日喀则市江孜县热索乡帮日村村民。民主改革前，普布多吉一家13口人，分别在不同的庄园做"差巴"。普布多吉13岁就随父亲在重孜庄园干活，直到民主改革后，才获得人身自由。如今，普布多吉一家11口人，四世同堂，生活富足幸福。

初春的年楚河畔，万亩良田上，群众正忙着开犁春耕，你来我往，一派忙碌景象。

沿着日江公路向东行驶1小时，便来到江孜县热索乡帮日村普布多吉老人家。这是一栋崭新的藏式民居，小院内，各色天竺葵含苞待放，家门口还停着一辆小货车。

普布多吉老人的儿子次旦平措热情地将我们迎进家中。客厅里，家用电器一应俱全，普布多吉老人和弟弟普布国杰正盘腿坐在藏式床上，喝着酥油茶闲聊。

"波啦嚷尼（两位老人），你们身体还好吧？"

"我俩吃得好，睡得好，身体好着呢！"别看身材精瘦，普布多吉老人却耳聪目明，声音洪亮。

生于1933年的普布多吉是家中长子。"从小，我就看着父母没日没夜地在庄园里干活。那时候，父亲因为没能按时完成庄园主交代的任务，脸

被庄园管家用皮鞭打坏了,落下了残疾。"普布多吉老人感慨地说,"旧社会真是'人间地狱'。"

"民主改革前,我们天不亮就要前往庄园做苦役,天黑了才能回家。""后脑照不着太阳"是旧社会帮日村人生活的真实写照。

"那时候,秋收是父母最犯愁的时候,辛苦一年却要将大部分收成上交给庄园主,剩下的一点粮食要拿去还之前借的粮食,这样一来,第二年还得靠借粮食过活,真的苦不堪言。"普布多吉老人回忆说,"那时候,'差巴的儿子永远是差巴',我们的父亲是重孜庄园的'差巴',所以我们两兄弟也是'差巴',没有选择的余地,生活里只有黑暗和绝望。"

1959年,共产党来了,解放军来了,生活在水深火热中的农奴终于看到了希望。

"直到今天,我都清楚地记得,那天,村里来了几位干部,说庄园主已经被解放军赶跑了,要给我们分土地。我父亲不相信,说这种好事怎么可能轮到我们'差巴'身上,让我狠狠掐他一下,看是不是在做梦。"普布多吉老人说,"当这一切都成为现实后,父亲用颤抖的手指着不远处的土

四世同堂的普布多吉老人(前排右一)一家(扎西顿珠 摄)

地,流着泪说,那块种了一辈子的田,终于属于我了。"

民主改革后,普布多吉老人一家靠着勤劳的双手,让日子慢慢地越过越好。

"你看,我儿子次旦平措在国家培养下,从技术员一步步成长为帮日村党支部书记,带着全村人致富奔小康。'差巴'的儿子再也不是'差巴'了。"普布多吉的话语中充满了感激和自豪。

2010年,依托安居工程,普布多吉一家搬进了占地400多平方米的藏式楼房。几年前,普布多吉的孙子普布次旺和顿珠参加了当地政府部门举办的技术培训,凭着一手木工手艺,闯出了自己的一片天地。2018年,普布多吉一家的现金收入达到近17万元。

如今,八旬高龄的普布多吉老人已是四世同堂。"黑暗艰苦的日子早已过去,这么幸福美满的生活,我们都想多活几年!"

(扫描二维码了解更多视频、图片内容。)

许木村第一位女干部

——记翻身农奴、山南市桑日县白堆乡许木村次仁卓嘎

刘 枫 段 敏 马 静

身份背景

次仁卓嘎,女,生于1935年6月,现年84岁,山南市桑日县白堆乡许木村村民。西藏民主改革前,次仁卓嘎家有8口人,其父母为许木庄园的"堆穷",她和兄弟姐妹一出生就是"朗生"。许木庄园隶属于旧西藏洛卡基巧(山南总管)下的沃卡宗,庄园管辖范围大致在今天的桑日县白堆乡许木村增期河两岸。

西藏民主改革以前,次仁卓嘎没有人身自由,从小在庄园干活,每年还要向沃卡宗上缴极其繁重的赋税。1959年民主改革后,次仁卓嘎获得了人身自由,分到了土地,住上了房屋。她于1966年入党,担任过许木村生产小组组长、妇女主任、村委会主任等职务。次仁卓嘎先后育有5个子女,现与儿子次仁多吉生活在一起,一家人生活幸福美满。

3月,阳光照在嵯峨的沃德贡杰雪山上,皑皑一片;缓缓流淌的增期河如丝带般,泛着波光。循着河边的小径,一片白墙石砖出现在眼前,许木村到了。

知道记者要来,次仁卓嘎老人拄着拐杖,早早在家门口等候。在她身后,门廊上"十星级平安和谐家庭"的红色牌匾十分醒目。

进屋坐下,次仁卓嘎老人一边招呼我们喝茶,一边向我们讲述她亲历

的苦难与幸福。

"像我这样的'朗生',一生下来就是庄园的私有财产。我们一家人蜗居在羊圈里,一年四季就一件打满补丁的破氆氇遮羞;民主改革以前,我从来没穿过鞋子,冬天脚都冻烂了。吃的就更不用提了,每天就那么一丁点儿糌粑,从来没吃饱过,要不是阿爸阿妈上山挖野菜,我都活不到现在。"次仁卓嘎老人拿起一个小茶碗,给我们比画,在旧西藏,她每天吃到的糌粑连那个小碗都装不满。

在那个黑暗的年代,许木庄园的20多户农奴每天像劳动机器一样,鸡鸣而起、戴月而归,劳苦不堪,不但换不回来一点回报,还经常遭到毒打。

次仁卓嘎老人说:"有一次,管家让我去放羊,我那时候年纪小,贪玩,没有注意到羊群跑到田里啃了一片青稞苗。管家发现后,把我绑到树上,用鞭子不停地抽我,我脸上、身上全是血痕。从那以后,我见到鞭子、镣铐、棍棒之类的刑具就害怕。"

"现在想想,那时候真不是人过的日子,算了,不提了。"次仁卓嘎老人感叹着,摆摆手,帽檐下露出灰白的发丝。那些辛酸的往事,于她而言,每回忆一次,就痛苦一次。

"东边的乌云,不是补下的丁,总会有一天,乌云散去见阳光。"

和那些被折磨而死的农奴相比,次仁卓嘎老人是幸运的。她说:"1959年的春天,我们等来了民主改革,等来了解放军。"

解放军来时,次仁卓嘎正在田里撒种子。"我们当时很害怕,想跑到沃德贡杰雪山脚下去,但又不知道去了能干什么。工作队的干部华仁青(音译)、王师傅和翻译员扎西把我们召集起来,告诉我们,大家自由了,以后不必给庄园主干活了,还要给我们分田地。"次仁卓嘎回忆说。直到家

次仁卓嘎正在擦拭家具(刘枫 摄)

里真的分到了20亩地、20只羊和1头牛,并且从羊圈搬到了庄园的二层楼里,她才真正相信,自己翻身做主人了。从此,她便下定决心,一心一意跟党走。

由于口碑好、做事勤快,次仁卓嘎得到了党组织和村民的信任,民主改革当年,次仁卓嘎就被推举为生产小组组长,成为许木村第一位女干部。1966年,次仁卓嘎光荣地加入中国共产党,成为桑日县第一个农村党支部——许木村党支部的一员。此后,她又相继担任了妇女主任、村委会主任,帮助村民种田、打水、拾柴、收粮食,受到一致好评。

从吃不饱饭、地位最下等的"朗生",到人人赞扬的女干部,次仁卓嘎的人生,在激荡澎湃的民主改革中,彻底改变。

时代大潮浩浩荡荡,次仁卓嘎家的日子也越来越好。

1999年,家里盖了石头房,2008年住上了139.9平方米的安居房;家里先后添置了手扶拖拉机和摩托车;2007年,次仁卓嘎第一次走出山南,去了趟拉萨;儿子次仁多吉学了木工,成为村里藏式家具木工专业合作社的社员;两个孙子一个在福建上大学,一个在泽当读高中……

次仁卓嘎说:"现在,我一年能领到7000多元'三老'补贴,家里还有普惠性的农田、草场、护林等补贴,儿子做木工、外出打工也能挣钱,经济上没什么负担。"

"2017年,我得了血管栓塞,在山南市藏医院住了半个多月,花了1万多元,光医保就报销了9000多元,基本没花什么钱。要在过去,庄园主才不会管我们死活呢!"次仁卓嘎感慨地说。她还告诉我们,她的眼睛患了白内障,视力不太好,医生检查后对她说,等病症再成熟些就能免费做手术了。

历经岁月苦难,更知今日生活来之不易。次仁

次仁卓嘎从儿子手中接过酥油茶

(刘枫 摄)

卓嘎是历史的见证者、民主改革的亲历者、新时代的受益者。如今,时值耄耋之年,她过上了安稳、幸福的生活,"多活几年,多享受享受现在的好日子",是她最大的心愿。

春天的脚步渐进,柳树开始吐芽,在党的好政策下,次仁卓嘎的晚年生活还将更加幸福。

次仁卓嘎老人(右)和儿子次仁多吉聊天(刘 枫 摄)

(扫描二维码了解更多视频、图片内容。)

"解放军来救我们了"
——记翻身农奴、阿里地区改则县抢古村乡村医生桑巴

汪 纯

身份背景

桑巴,男,生于1946年5月,现年73岁,阿里地区改则县物玛乡抢古村村民、乡村医生。1959年西藏民主改革以前,桑巴家世代都是色果(也称"森果""森郭")部落的牧户。桑巴一家积年累月地辛勤劳动,但在旧西藏沉重的差税和高利贷的剥削下,连最起码的温饱也得不到保障。桑巴从7岁开始在色果部落干活、支差,经历了数年地狱般的农奴生活。

民主改革后,桑巴经过培训,成为一名乡村医生,行医56年,医术远近闻名,直到目前,仍然守护着周边群众的健康。桑巴的儿孙目前均生活在物玛乡抢古村,生活安定富足。桑巴的二儿子布次仁被村民推选为抢古村村委会主任。近年来,抢古村大力开展牧区改革工作,成效显著。2017年,抢古村实现县级整村脱贫;2018年,抢古村人均纯收入达15547元。

一个周末的清晨,在改则县物玛乡抢古村,记者采访了乡村医生桑巴。

桑巴是一位大忙人。前几次,记者来访时,桑巴都在村卫生室给排着长队的病人看病,忙得连喝口水的工夫都没有。物玛乡党委书记郁春林告诉记者,这些病人都是周边县乡的牧民群众,慕名前来找桑巴看病的。

56年行医路,桑巴熟练地掌握了藏、西医两种诊疗方法。看病时,桑

桑巴夫妻俩和孙子孙女们合影(汪 纯 摄)

巴态度和蔼、动作利索,查体、听诊、把脉、开药,有条不紊,很难看出他已经是一位73岁高龄的老人了。

在桑巴家客厅一排藏柜上,整齐地摆满了他获得的20多个荣誉证书。从1967年获得第一本荣誉证书至今,从"物玛乡先进个人"到"全国优秀乡村医生",一本本证书承载和凝结了桑巴半个多世纪的光荣与梦想。

而1959年的那个冬天,在露天羊圈里抱着羊腿取暖的小桑巴,怎么也不会想到今天能过上如此幸福的生活。

"旧西藏,没有御寒的衣物,冻得整晚整晚睡不着,想得最多的,是还能不能活着见到第二天的太阳?"桑巴给记者倒了一杯酥油茶,讲起了不堪回首的往事。

民主改革前,桑巴一家是色果部落的牧户,承担着繁重的赋税和差役。桑巴说,沉重的差税让全家温饱难继,欠下了巨额债务,万般无奈之下,家里将7岁的桑巴送去当牧工。

"那时候,部落里用石磨磨青稞,最精细的部分是给部落头人和官员们吃的,剩下的给牦牛吃,连牦牛都不吃的才给我们吃,而且从来都吃不饱。"桑巴说。

干活时不能偷懒,更不能犯错。桑巴记得有一天,他实在太累,睡过了头。部落官员将烧着的草绳扔到他的脖子上,从睡梦中被烫醒的他疼得满地打滚,部落头人和官员们却哈哈大笑。

"我清楚地记得,1959年,解放军驾着'铁牦牛'来救我们了!"桑巴说,那时他坐在山岗上,突然看到远方一辆辆形状似"铁牦牛"的军车在草原上奔驰。那是中国人民解放军西藏军区某部进军改则,剿匪平叛。

剿匪平叛任务完成后,根据上级指示,解放军留下部分干部,组建了工作队,协助阿里分工委在改则开展民主改革工作,从此,改则的农奴翻身做了主人。

1960年入冬前,工作队给桑巴一家送来了酥油、茶砖、青稞,还有4套崭新的军大衣、军靴、军帽、手套。拿着从来没见过的手套,桑巴鼓捣了半天,惊讶于手指竟然还要穿"衣服"。

"是党给了我新的生命,从那时起,我就想着一定要好好报答党的恩情。"1963年,工作组来村里做动员,17岁的桑巴毫不犹豫地报名参加了医疗培训班。1995年,桑巴加入中国共产党。

桑巴正在家中为群众看病(汪 纯 摄)

"在共产党的英明领导下,我们的日子一天比一天好。"桑巴望了一眼墙上的领袖像,坚定地说,"作为一名共产党员,我会继续发挥余热,为老百姓祛除病痛、送去健康。"

(扫描二维码了解更多视频、图片内容。)

"把共产党的恩情说出来！"
——记翻身农奴、阿里地区日土县热角村次仁德吉

汪　纯

身份背景

次仁德吉，女，生于1944年3月，现年75岁，阿里地区日土县日土镇热角村村民。民主改革前，次仁德吉从"差巴"变成"堆穷"，后又沦落为"朗生"，受尽痛苦和折磨。据次仁德吉回忆，她的父母原来是阿里地区改则县色果部落的"差巴"。1948年，因难以承受沉重的差税和高利贷的剥削，父母带着年仅4岁的次仁德吉和另外两个孩子逃到日土一带，以乞讨、打猎为生。1958年，为了生存，次仁德吉被送往日土宗官家，成为"朗生"，干着永远也干不完的脏活、重活、累活，却连最起码的温饱也得不到保障。

民主改革后，次仁德吉一家翻身得解放，分到了土地、牛羊等生产资料。20世纪60年代中期，次仁德吉当选为村妇女主任，带领30多名妇女开垦田地，发展生产。1976年7月，次仁德吉加入中国共产党。她先后育有8个子女，晚年的次仁德吉享受着国家各项政策补助，生活幸福美满。

一条"生态风景廊道"从日土县城延伸到位于边境地区的热角村。路在林中，院在绿中，人在景中，如果不是远处湛蓝天空下的雪山相映衬，谁能想到这里是高原边疆。

走在热角村干净整洁的水泥路上，看不到一个闲人。在这个半农半

牧村里,有的人在坡上放牧,有的人在田里耕地,有的人在家做着手工艺品……每个人都在用双手创造着属于自己的美好生活。

在一处院子里,75岁的次仁德吉老人正在用一台半自动洗衣机洗衣服。

看到记者到来,老人赶紧招呼正在编织藏毯的女儿次仁桑姆给我们倒酥油茶、拿风干肉。

"现在家家都有水井,国电也开通了,这个小按钮一按水就出来了,吃水用水都方便。"次仁德吉老人边说边将水泵开关打开,一股清水从管道里涌出,老人熟练地按下洗衣机按钮,然后将记者一行请进了温暖的阳光棚。

"现在这么好的生活,那时候怎么可能想象得到啊!也没心思去想别的,每天只想着怎么吃到一口糌粑,怎么活下来。"伴着酥油茶的香味,老人的思绪回到了那段暗无天日的岁月。

"现在的孩子们无忧无虑、吃穿不愁,从幼儿园到高中都不要家里掏钱,上大学还有奖励和补助。"次仁德吉向记者介绍她的8个子女,还有她数十个孙子、重孙子们,摊着手说:"这么多的孩子,要是放在民主改革前,连吃饭问题都解决不了。从我记事起,我的童年都是在乞讨和遭人唾骂中度过的。"

次仁德吉老人(左)和大女儿次仁桑姆正在编织民族手工艺品(汪 纯 摄)

次仁德吉有一个哥哥和一个妹妹。父亲曾告诉她，全家人原本是改则色果部落的"差巴"，各种沉重的差税、嗷嗷待哺的3个孩子，让家庭不堪重负，只能靠借高利贷度日。但永远也还不清的高利贷，使整个家庭陷入无底的深渊。走投无路之下，父母只能带着年幼的孩子们逃到日土一带，靠乞讨和打猎为生。

"大部分草场都是官家和寺庙的，他们是不可能让我们打猎的，一旦被发现就会遭到严厉的惩罚。爸爸和哥哥只能晚上偷偷出去打猎，可天太黑了，很难抓到什么。"回忆着那段暗无天日的岁月，次仁德吉老人声音有些低沉，"白天，我就和妈妈一起出去乞讨，如果别人能施舍一点酿青稞酒剩下的酒渣，或者泡过的茶叶渣，今天就算是收获很大了。"

"那时候，我们经常两三天都没有东西吃。有好几次我都觉得自己快要饿死了，那种饿肚子的感觉我一辈子都忘不了。"说完，次仁德吉布满皱纹的眼眶湿润了，身子也靠到了藏式床的靠背上，女儿次仁桑姆赶紧扶住老人。见此情景，记者一行也不忍心再采访下去。

在村子里，当记者一行正在进行边境小康村建设和乡村旅游开发情况采访时，次仁德吉老人主动找到了记者。她拉着记者的手，走到一处崭新的两层藏式别墅前，"记者同志，你看，这是我最小的儿子洛桑班觉的房子，今年下半年就可以搬进去了。现在有的年轻人根本想象不到旧西藏的苦，甚至不相信竟然有那么黑暗的年代。这也不怪他们，这几十年的变化是过去上千年都不曾有过的。"

"我受的那些苦都过去了，再也不会有了，但是我要把我受过的苦说出来，把共产党的恩情说出来，告诉所有人。只有知道旧西藏的苦，在新社会成长起来的孩子们才能更加珍惜新西藏的甜。"再次走进她家的阳光棚，老人平静了很多，说起了那些原本不愿再提及的往事。"在官家眼里，我们就是会说话的'牲口'，给我们东西吃只是为了让我们能有一口气继续干活。而且我们吃的东西和牲口吃的确实没啥区别。"

1959年4月，阿里分工委和军事管制委员会向日土宗派出军事代表和工作组，接管了日土宗政府，废除了一切差役和苛捐杂税，还将原来农奴主占有的东西分发给了大家。次仁德吉清楚地记得，她家分到了3亩多地、20只绵羊、1头牛和1匹马。

"共产党和解放军对我们穷人是真的好,每家都分到田地和牛羊不说,部队还会不定期给我们送柴火,送水,有时候还送菜。"次仁德吉感慨地说。

民主改革后,次仁德吉当选为村妇女主任,带领30多位妇女,开垦了50多亩荒地。1976年7月,次仁德吉加入了中国共产党。

"在旧社会干活越干越看不到希望,在新社会干活越干越有劲!"次仁德吉告诉记者,直到现在,她在家里还会编织一些手工艺品。说完,她从柜子里拿出刚编织好的藏毯,走到院中向记者一行展示。阳光下,次仁德吉满面笑容。

次仁德吉(右)和大女儿次仁桑姆在一起(汪 纯 摄)

(扫描二维码了解更多视频、图片内容。)

"做梦都想不到的幸福"
——记翻身农奴、那曲市色尼区古露镇四村青饶

谢伟　王晓莉　张宇　万靖

身份背景

青饶,女,生于1947年,现年72岁,那曲市色尼区古露镇四村居民。

青饶一出生就被寄养在亲戚家里,从没有见过亲生父母。民主改革前,她和亲戚一家5口人隶属于"羌日六部"中的桑雄部落,当时全部草场都归森巴拉让所有,青饶一家属于纯牧奴。从记事起,青饶白天放牧、做苦役,晚上冷得只能搂着牲畜睡觉,吃不饱、穿不暖。

1959年,中国人民解放军西藏军区黑河军事管制委员会成立,拉开了那曲民主改革的序幕,也让青饶看到了人生的希望。

三月中旬的羌塘,依旧寒风瑟瑟,难得的几日艳阳,召唤着藏北春天的到来。

从那曲市区驱车一个多小时,便来到位于318国道旁的古露镇四村。眼前一排排整洁的小院与蓝天白云、深黄的草场相互辉映,景致别样美好。

围坐在青饶家的牛粪炉旁,老人回忆起60年前的点点滴滴。

"我一出生就被寄养在亲戚家里,从来没有见过亲生父母。自记事起,就感觉自己连牲畜都不如,它们还有草吃,有圈有棚;我们没有吃的、

青饶老人近照（万 靖 摄）

穿的,更没有住的地方,说错话还要被割掉舌头,这种日子是现在的人无法想象的。"青饶老人有些哽咽地说。

8岁开始,青饶就跟随家里的大人给领主放牧。天还没亮就出工,晚上牲畜都睡了才能在牛圈里蜷缩着睡一觉,挨骂挨打更是家常便饭。

"每天看着领主家与自己差不多大的孩子吃肉、喝牛奶,穿得暖暖和和,住得舒舒服服,心里想自己什么时候才能够过上这样的生活啊!"老人叹息着说。

青饶老人清楚地记得,10岁那年,她和一起放牧的小伙伴学唱了一首牧歌,歌词大意是"安分守己也有罪,无缘无故被鞭抽,没完没了被责骂,这种痛苦难忍耐"。领主得知后,将她打得遍体鳞伤,她还差点被割了舌头。

"我被打得好几天都下不了床,家里人冒着被剁手的危险,偷偷挤了一点羊奶回来,晚上悄悄喂给我喝。"说到这里,青饶老人掀起后颈的衣领,露出一道深深的疤痕,气愤地说,"这就是当时留下的,真不知道他们为什么这么狠心!"

1959年,民主改革的春风吹到了藏北高原,苦难深重的农奴们看到了希望。

在民改干部和解放军的帮助下,青饶家分到了3头牛、5只羊、2顶帐篷。老人激动地说:"自己翻身做了主人,日子有了盼头,特别开心!"

18岁时,青饶嫁到了卡那村(现在的古露镇二村)。当时家里有4口人,白天,她负责为集体放牧,晚上到政府办的夜校学习。"是共产党解救了我们,让我们有吃、有穿,还有书念,大家对此很感恩,做事也很积极。"青饶回忆说。

1980年,集体生产下放到户,青饶家分得了12头牛、20只羊,幸福的日子更有了盼头。

然而天有不测风云,青饶老人的儿女相继去世,只留下了两个孙女,本应享受天伦之乐的她又陷入了困境。

古露镇镇长崔国庆(左)与青饶老人在她的新居前合影(王晓莉 摄)

"感谢党和政府,从各个方面给我们家以照顾,生活又有了希望。"青饶老人说,"古露镇党委、政府知道我家的情况后,先后把我列为分散供养'五保户'、建档立卡贫困户、高龄老人补贴对象,现在,我一年的各种补贴收入就有9000多元,镇里和村里还会不定期地给我送生活用品,帮忙做一些家务,让我衣食无忧。"

而最让青饶老人高兴的是,2018年,她和两个孙女搬到了扶贫搬迁集中安置点,住上了100多平方米、带玻璃棚的小院。两个孙女一个在昆明上大学,另一个在那曲市上高中。

现在,青饶老人虽近耄耋之年,却不忘回报党和政府,回报社会。她积极参与"双联户"创建工作,2014年到2017年,先后荣获区、市、县、镇"先进双联户"称号。"我本来什么都没有了,是党和政府给了我一切,我会尽我所能回报社会,为群众服务。"青饶老人自豪地说。

2015年底,青饶老人被认定为建档立卡贫困户,与之结对的是古露镇镇长崔国庆。虽然结对帮扶青饶一家的工作早在一年前就结束了,但崔国庆一直惦记着青饶老人,常常去家中看望慰问。

(扫描二维码了解更多视频、图片内容。)

幸福，从一袋糌粑开始
——记翻身农奴、当雄县公塘乡拉根村罗觉

孙开远　林　敏　拉巴桑姆　刘斯宇

身份背景

罗觉，男，生于1936年，现年83岁，家住当雄县公塘乡拉根村。西藏民主改革前，罗觉和母亲、姨妈、3个兄弟一家6口人以乞讨为生。1959年的民主改革，让罗觉一家人的命运因此改变。

当雄，意为"挑选的草场"。民主改革前，当雄境内分为三宗四部落，即当雄宗、白仓宗和羊井宗，四部落原归热振寺管辖。罗觉乞讨的拉根一带由"康玛色拉本仓"（色拉寺派驻康玛寺的僧官机构）管辖，隶属三大寺之一的色拉寺。

年届耄耋的罗觉老阿爸爱笑。他笑的时候眼睛弯成月牙儿，咧开的嘴里露出仅剩几颗牙齿的牙床，非常和蔼可亲。寒来暑往，当雄草原83个春秋的长风，吹皱了他的脸庞，但吹不走幸福。

罗觉老阿爸的幸福，从60多年前的一袋糌粑开始。

那年，罗觉19岁，西藏和平解放第四年，青藏公路即将通车的同时，当雄机场开建了。罗觉是上万名建设者之一。

60多年过去了，罗觉老阿爸至今仍记得，干了一个多月，解放军给了他46块银圆、46斤糌粑、1斤酥油、1块砖茶。

那是他第一次得到如此丰厚的报酬！他用这笔钱，给家里买了几头牲畜，买了些糖果，也第一次品尝了青稞酒的醇香。

"从那时起,我不想死了。"回忆当年的感受,罗觉老阿爸说。

对一个从记事起就以乞讨为生的人来说,能够像人一样,通过劳动养活自己,是件多么幸福的事!在罗觉的儿时记忆里,家,是一顶被高原阳光晒掉色的小帐篷。"远看像一堆鸟粪,近看其实就是几块破布。"老阿爸说,一家6口人挤在里面,破烂的帐篷无法遮风挡雨,更挡不了山上号叫的野狼。衣,仅有一件破旧藏袍还算"体面",全家人谁出去乞讨谁穿。

春天,一家人到草原上挖人参果,以换取少量食物。他们还挖些染色植物,母亲再讨些染布的活计,或许能换些糌粑。因为缴完税,就所剩无几。

秋天,江热寺里举行佛事活动。最让罗觉期盼的,就是火供仪式。因为仪式结束后,他就能从野狗的嘴里,抢一些火堆里的供品吃。只有这时,他才能吃饱一次。

藏传佛教认为,火供的供品,是投给妖魔鬼怪食用的。抢食这种供品,是大家所不齿的。然饥饿足以摧毁人的一切尊严,罗觉顾不了那么多了。

"吃完死了也值。"老阿爸至今还记得,火烤过的供品香味化成饱嗝,从胃里冲上鼻梁,冲得他对着帐篷顶傻笑,笑得泪水直流。

解放军来到当雄后,罗觉家的小帐篷里才有了发自内心的笑声。老阿爸说:"那时我才觉得,活着真好。"

1959年,西藏反动上层发动武装叛乱。罗觉跟着解放军加入平叛支前队伍。几个月后,当他与同伴带着一车砖茶的报酬回到家乡时,家乡变了。

民主改革改变了所有像罗觉一样的人的命运。罗觉当上了村里的治保委员,并娶妻生子。

时光飞逝,罗觉老阿爸的5个子女中,有3个已独立生活。老阿爸和老伴以

罗觉老人与家人在新居里合影(孙开远 摄)

及儿子巴桑、女儿丹珠还有小外孙共同生活。

早春的当雄草原,寒气稍减。罗觉老阿爸一家,仍随牲畜驻扎在冬季草场。

宽敞的牧家院里,坐北朝南两栋屋子一字排开,西边还有一栋新房,是前几年政府出资修建的安居房,房檐上,藏历新年时才换的香布在风中飘荡。

罗觉老人与家人在自家的新房前合影(孙开远 摄)

"现在我们都老了,家里牲畜也不多,但依靠党的好政策,我们有养老保险、草原生态补助、村集体分红,生活很宽裕,还买了辆代步的面包车。"罗觉老阿爸说,"再过两个月,我们就会离开冬季放牧点,迁到一公里外的'阳光别墅'去,那里是政府出资修建的,小区配套齐全,环境特别好。"

望着墙上的领袖像,罗觉老阿爸边笑边说:"我还想再活60年!"

(扫描二维码了解更多视频、图片内容。)

"我永远记得那名叫王佳的解放军战士"

——记翻身农奴、日喀则市亚东县帕里镇一社区次仁罗布

张 斌 扎西顿珠 牛 泉

> **身份背景**
>
> 次仁罗布,男,生于1934年3月,现年85岁,家住日喀则市亚东县帕里镇一社区。
>
> 西藏民主改革前,次仁罗布一家都是贵族康吉达多家的农奴,起早贪黑地种地、放牧,吃不饱、穿不暖,还经常挨打。1959年,民主改革后,次仁罗布在党的培养下,成为一名基层干部。在他家,一张泛黄的照片珍藏了36年,照片的主人公叫王佳,他只是一名普普通通的解放军战士,却为何让一位藏族老人如此念念不忘?

2019年2月19日上午,次仁罗布老人颤颤巍巍地从柜子里翻出一张泛黄的照片,似珍宝一般捧在手里,看了又看。他至今还能叫出照片中解放军战士的名字——王佳。

次仁罗布与王佳的人生交集,还得追溯到60年前。

1959年,民主改革的春风吹到了亚东,五星红旗在帕里高原上迎风飘扬。

可是,反动的农奴主却不准群众跟解放军打交道,还蛊惑当地群众一起逃走。

"我们一生下来就没有自由,生命被随意践踏,连牲畜都不如。"次仁罗布回忆说,"我从小就在贵族的棍棒下长大,放牛羊、捡牛粪、拾柴火

是每天的任务,要是一天结束了,收获不多,是没有饭吃的,做不好还会挨打,农奴主的鞭子从未离过身,更不敢和他们顶嘴,每天只能埋头干活。"

"在我们眼里,领主的房子就像宫殿,而我们比牛羊还不如。"次仁罗布说。

"当时我就想,跟着农奴主逃跑肯定还要继续受他们压迫剥削,反正都是一死,不如自己做一回主。"于是,次仁罗布等人决定先留下来观望一番。

那年初夏,帕里的群众看见上千人的解放军队伍穿戴整齐,喊着口号,排着队从远处走来,帽子上的红五角星在阳光的照射下很是耀眼。

解放军进驻亚东后,严格遵守部队纪律,与群众同吃同住同劳动,给群众粮食吃,还借钱给群众。次仁罗布心中的顾虑逐渐打消了。

一天,一位解放军战士手里拎着罐头等食品,敲开了次仁罗布家的门。

"农奴主康吉达多逃跑了,他们之前占有的土地基本处于闲置状态,还有不少带不走的牛、羊等。你熟悉本地情况,希望配合我们工作,召集大家分土地、牲畜和生产工具,要让大家站起来当家做主,每个人都能吃

次仁罗布老人近照(张 斌 摄)

饱饭。"敲门的解放军战士说明了来意。

"这名解放军战士就是王佳,他动员我们留下来,还给我们分发了新衣服、粮食,给我们讲政策,是他让我第一次感受到做人的尊严。"老人指着照片上的人噙着眼泪告诉记者。

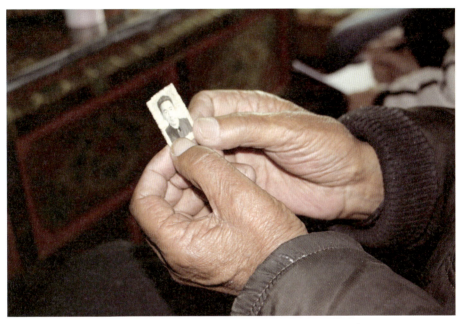

次仁罗布手捧解放军战士照片(张 斌 摄)

从此,次仁罗布积极配合解放军工作,并同解放军一道,在群众中宣传党的政策。

在王佳等人的帮助下,次仁罗布一家很快盖上了新房、开垦了土地、育肥了牛羊。

"解放军战士王佳是纯洁无私的,他总是用自己攒下的钱帮助那些需要帮助的人。"受到王佳的感召,次仁罗布干劲十足,他立志要成为像王佳那样的共产党员,为群众做实实在在的事。

因为表现突出,次仁罗布被推选为当时的帕里区主任。此后的24年,次仁罗布和王佳并肩作战,救伤残、抚孤弱、抗雪灾,在漫长的岁月里结下了深厚的情谊。

1983年12月,王佳离开亚东,临走前,他将自己的一寸黑白免冠照留

给了次仁罗布,叮嘱他保重身体,希望他带领群众把帕里建设得越来越好。

王佳离开36年后的帕里镇,一排排整齐的藏式楼房矗立在道路两旁,自来水厂、污水处理厂、厕所革命、村容村貌整治、城镇亮化美化……一项项工程让帕里镇的面貌发生了翻天覆地的变化。

2011年"9·18"地震后,在当地政府的帮助下,次仁罗布一家住进了240平方米的两层楼房。

"不知道王佳还在不在了,如果他看到今天的帕里,一定会很高兴的!"次仁罗布老人含着眼泪,转过身子望向窗外。

(扫描二维码了解更多视频、图片内容。)

"当兵入伍是我一辈子的骄傲"
——记翻身农奴、山南市琼结县加麻乡加麻村索朗占堆

刘 枫

身份背景

索朗占堆,男,今年73岁,琼结县加麻乡退休老干部。民主改革以前,他们一家4口人全靠父亲布琼给琼结县坚耶寺僧人当裁缝、帮工维持生计。7岁时,父亲去世,索朗占堆与母亲、妹妹不得不寄居到别人家的一间窝棚里,吃不饱、穿不暖。民主改革后,索朗占堆家分到了房子、土地、牲畜,他还上了学,并于1965年入伍,1968年入党。索朗占堆历任加麻区革委会主任、加麻区生产管理委员会主任、加麻乡乡长等职,1998年退休。

3月的琼结,柳枝吐绿、暖风徐徐,一派春光和煦的景象。

在加麻乡加麻村,记者见到了索朗占堆。73岁的老人,皱纹爬满了脸颊,岁月染白了头发,他经历了旧社会的苦和新社会的甜,是民主改革的见证者和受益者。在我们的交流中,他的人生故事仿佛东风吹动的水波,沿着老人沧桑的回忆,缓缓流淌开来。

"我7岁放羊、9岁放牛,家里穷得叮当响,除了两个喝茶的破碗,啥都没有,从来没有吃过一顿饱饭。阿爸是裁缝,给坚耶寺僧人做了无数件衣裳,可没有一件是属于我们自己的,而我们只能捡寺院扔掉的破布当衣裳穿。那时候我就想,下辈子投胎,当一头牛也比做人强。"难以想象,生于旧西藏的索朗占堆,小时候竟是这样的绝望和无奈。

"我父亲布琼30多岁就去世了。当时他在寺院干活,不慎从房顶摔下来,本来不是什么大伤,上点药、休息几天就可以治好。但冷血无情的僧官不仅无视父亲的伤情,还责怪父亲耽误干活,鞭打他,导致父亲伤病加重,含恨而死。"言语间,老人锁紧眉头,浑浊的双眸忽然放大,闪过愤怒和哀痛。

家里的顶梁柱倒了,索朗占堆的母亲只能带着兄妹俩咬着牙,过更艰难的日子。

索朗占堆说:"那时候过日子真是苦熬,但又有什么办法呢,旧社会的等级制度是一出生就固定下来的,无论怎么努力,都改变不了命运。"

索朗占堆悲惨的命运,在1959年"金珠玛米"到来后,彻底改变了。

"那年春天,解放军的一个连队来到我们这里,把寺院里无恶不作的两个僧官抓进了监狱,给我们分了土地、牲畜和房子,成立了农民协会,我母亲还当选为协会副主任。"索朗占堆回忆说。

那一年,索朗占堆家分到了4亩地、5只羊、10头牛,从昏暗的窝棚搬进了宽敞的房子里。他说:"那一年,我第一次感受到吃饱穿暖是什么滋味。"

也是在那一年,索朗占堆上了学,度过了一段难忘的少年时光。

此后,索朗占堆又跟着"金珠玛米"去修路,拿到了人生第一份工资。就是在那时,当兵的梦想开始在他心中萌芽。

几年下来,由于表现积极、聪明勤快,他被琼结县负责征兵的同志推荐,报名参军并通过考核,于1965年9月1日

索朗占堆老人展示自己的退伍证书(刘 枫 摄)

成为中国人民解放军的一员。

"'金珠玛米'是毛主席为我们派来的救星,没有他们,就没有我们的今天。能够成为'金珠玛米'的一分子,是我一辈子最自豪的事情。"索朗占堆的汉语不算流利,但说这句话时,铿锵有力、掷地有声。

索朗占堆(左)向外甥女讲述自己年轻时的故事(刘 枫 摄)

参军后的索朗占堆,跟着部队辗转墨竹工卡县、亚东县等地,修桥、筑路、伐木、运送物资,既接受了高标准的培养和锻炼,也学到了更多的文化知识,提升了思想觉悟。

1968年,索朗占堆在部队光荣入党,并当上了班长。

"当兵6年多,我5次被评为'五好战士',在部队的日子真难忘啊!"老人说到动情处,还唱起了军歌,一个老兵的荣誉感和自豪感在这位古稀老人身上闪烁着光芒。

1971年,索朗占堆光荣退役,他选择返回家乡琼结县。此后,他历任琼结县加麻区革委会主任、加麻区生产管理委员会主任、加麻乡乡长、加麻乡人大主任等职,带领群众发展农牧业生产。

老人说,家乡最大的变化是在改革开放以后。"1978年以后,党和国

家的工作重心转移到经济建设上来了,我们乡也随之发生巨大变化。田地包产到户,群众干事的动力足了,粮食产量和人均收入都有了大幅度增长,村民的日子越来越好,我看在眼里,喜在心头。"索朗占堆头发花白,但依然头脑清晰。

1998年退休之后,索朗占堆过上了安稳惬意的晚年生活。现如今,他每月能拿到9000多元的退休金,身体健康,吃住不愁。虽然没有儿女,但外甥女央金卓嘎一家对他孝顺有加,他对现在的生活感到十分满足。

索朗占堆(左二)与外甥女及其女儿在一起(刘 枫 摄)

(扫描二维码了解更多视频、图片内容。)

一甲子人生，两次华丽转身
——记翻身农奴、拉萨市堆龙德庆区乃琼村扎巴旺丹

孙开远　拉巴桑姆

> **身份背景**
>
> 扎巴旺丹，男，今年75岁，拉萨市堆龙德庆区岗德林镇乃琼村村民。西藏民主改革以前，扎巴旺丹全家9口人，都是哲蚌寺的"差巴"。在他的记忆中，小时候自己就从来没吃过饱饭。虽然年纪很小，却也要照看牲口。
>
> 民主改革后，扎巴旺丹家有了自己的土地，不但吃上饱饭，还上了学。他先后担任过生产队的会计等职务。老人育有4个子女，年过古稀的他有一个四世同堂的大家庭。

堆龙河畔，昔日的荒滩农舍，现在已变成一栋栋高楼。六七年间，堆龙人已实现从农民到市民的转变。不久前，记者来到堆龙德庆区乃琼安居苑，采访了这片土地60年变迁的见证者——扎巴旺丹。

看到有客到，扎巴旺丹老阿爸一挑门帘，大步走出屋子。一张古铜色的脸庞充满笑容，一双热乎乎的大手刚劲有力，一点也看不出，老人家已是75岁高龄。

宾主落座，话题展开。谈起60年前的日子，扎巴旺丹老人记忆最深刻的，就是饥饿。

"15岁之前，我没穿过鞋子，衣服也是补了又补。只要家里的烟囱冒烟，就得支差。那个时候，干多干少都没自己的。"坐在贴着壁纸的客厅里，扎巴旺丹回忆起60年前的经历，恍如隔世。

扎巴旺丹15岁那年的初春,堆龙河畔的柳树刚刚冒出新芽。一天,拉萨方向传来隆隆的枪炮声,一直持续到晚上。他睡不着,就和阿爸一起爬上低矮的屋顶,向拉萨方向张望。看着火光闪耀的夜空,扎巴旺丹很害怕,怕比当时还要苦难的命运会降临。

几天后,庄园里来了许多干部,有汉族,有藏族。和庄园里其他"差巴"一样,扎巴旺丹全家更害怕了。扎巴旺丹对共产党领导下的解放军的记忆,除7岁那年,从堆龙河上游牵来的骆驼队之外,就是管理庄园的人给他们讲述的"红汉人"。

但当哲蚌寺派来管理庄园的人再也不对他们这些"差巴"颐指气使时,他们才放了心。

1959年春天,雪域大地上轰轰烈烈地展开了一场巨大的社会变革。扎巴旺丹家分到18亩地,第一次拥有了自己的土地,也第一次吃到了饱饭,第一次穿上了鞋。后来,扎巴旺丹还读了两年识字班,学了藏文和算术,成了生产队的会计。

扎巴旺丹老人向记者讲述那段悲伤的往事(孙开远 摄)

从无立锥之地,到成为这片土地的主人,扎巴旺丹的人生实现了第一次华丽转身。

随着6个姐姐先后出嫁,1964年,扎巴旺丹也建立了自己的小家庭。年轻力壮的他在田地里精心呵护着青稞、小麦、蚕豆、豌豆等庄稼。

1980年和1984年,中央第一、第二次西藏工作座谈会召开,牧区实行"牲畜归户,私有私养,自主经营"政策,和农区实行"土地归户使用,自主经营"政策,再一次使堆龙河畔的这个古老村庄焕发出新的活力。

正当壮年的扎巴旺丹带着全家,辛勤劳动,为了给自己创造更好的生活努力着。他记得,粮食多得自家的粮仓都装不下了。他还记得,那几年手头宽裕了,于是通过无息贷款,买了一辆拖拉机。

"自从有了'铁牛',干农活轻松多了。"扎巴旺丹微笑着说。

1997年到2000年,扎巴旺丹被村民推选为村民小组长。那时,全区正在全面推广机械化和科学种田。村里的地高低不平,不利于机械化作业

晚年的扎巴旺丹,除了承担村民委员会监督委员的职责,闲暇时间就是养鸟带孙　　　　　　　　　　　　　　　　　　　　(孙开远　摄)

和日常管理,扎巴旺丹就带领乡亲们大搞基本农田建设,还把内地优良品种拿来试种,全区各地的农业技术员都来他们村参观学习。

扎巴旺丹自豪地说:"从那以后,我们村的青稞总产量翻了好多番!"

在扎巴旺丹年近古稀的时候,他的人生又迎来了第二次华丽转身。

2012年,乃琼村被规划为拉萨经济技术开发区B区的一部分。2013年底,扎巴旺丹的家从山脚下迁到了堆龙河边新建的安居房——乃琼安居苑。

每年,扎巴旺丹家都能从村集体经济收益中分红。2018年,老人所在的居民小组,光经营茶馆收入就达83万元。

人生走过75年,现在,扎巴旺丹有一个四世同堂的大家庭。3个儿子都已分家独立,大儿子几年前病逝,二儿子是一名国企工人,三儿子是一位汽车司机。老人现在跟小女儿一起生活。

掰着指头算了算,扎巴旺丹老人的眼睛笑成一条缝:"我现在有7个孙子、4个重孙。最大的重孙达珍上高中了,最小的重孙今年刚出生!"

(扫描二维码了解更多视频、图片内容。)

旧西藏贫困放羊娃 新西藏致富带头人
——记翻身农奴、那曲市安多县扎仁镇纳色社区二组阿弟

万 靖　王晓莉　谢 伟　张 宇

身份背景

阿弟，男，今年89岁，那曲市安多县扎仁镇纳色社区二组居民。民主改革前，阿弟与母亲相依为命，在农奴主家当"朗生"。吃不饱穿不暖，经常遭毒打。后来，阿弟带着母亲一路乞讨，流浪至买玛部落（今扎仁镇一带），靠打猎为生，常常食不果腹。

民主改革后，阿弟和家人一起努力打拼，勤劳致富。老人现有5个子女，家境殷实。自1982年入党以来，阿弟把"为人民服务"当作自己的信仰，如今更成为传承近40年的家训，一家人亲力亲为帮扶贫困户，"先富带动后富"在他们家得到了淋漓尽致的体现。

冰雪消融，初春的羌塘草原散发着新生的气息。在蓝天白云艳阳下，牛羊在草地上觅食奔跑，好不惬意。

草场上，一户牧家大院在视野中越来越清晰，记者一行来到了89岁的阿弟老人家。院子里停放着两辆轿车、一辆大卡车和一辆小货车，足以显示这个家庭的富足。

走进屋里，桌上摆满了拉拉、糖果、饮料、风干牦牛肉、水果等各种食物。在一杯杯热气腾腾的酥油茶中，记者与阿弟老人"回到"了民主改革前的那段岁月。

11岁时,阿弟就开始给农奴主放牧,挨饿挨打是常事。"有一次,绵羊被狼叼走了,牧主得知少了一只羊,什么都没问,对我就是一顿毒打,还扣除了我的口粮,我怎么解释都没用,越说就打得越狠,所有的委屈只能往肚子里咽。"回忆起当年的苦日子,老人满是悲愤,"那时我们吃的和狗吃的一样。"

"赶牲畜回栏晚了要挨打,牲畜数量少了要挨打,牛羊自然死亡要挨打……"说着说着,阿弟老人揭下帽子,指着额头右侧岁月也盖不住的伤疤说,"这是牧主拿牛骨头打的,这是拿石头砸的……"

"那时候不仅有牛羊马税、牛羊毛税、盐税、酥油税等12个税种,还有18项惩罚条例压榨、控制着我们,包括割耳朵、挖眼睛、活剥人皮、斩手脚……他们不仅用这些酷刑来惩罚不听他们话的人,还逼着我们去看那些被挖掉的眼睛和被砍掉的手脚,我们都很害怕,谁也不敢不听话,只能默默忍受着这种苦难的生活。"阿弟满脸怒色,说到激动处,他还站起来演示受罚农奴的遭遇。

共产党来了,漫长的黑夜后,终于迎来了黎明,民主改革开启了阿弟的新生活。

"在吃、穿、住和人身权利方面,民主改革前后根本无法对比,真的是发生了翻天覆地的变化。"说起民主改革后逐渐富裕的生活,阿弟的表情也柔和起来。

人民公社时期,生产队按劳分配。老人开心地说:"我每天都干劲十足,还当上了生产队队长。没有了剥削,人人都是平等的,没有了限制,人身都是自由的。"

共产党的恩泽指引着阿弟前进的方向。"共产党说到做到,党的政策全都落到了实处,从人民中来,到人民中去,实实在在为人民服务。每一个共产党员都是我们的榜样,我也想加入到这支优秀的队伍中。"1982年,阿弟正式加入共产党,成为一名党员。

"为人民服务",阿弟老人的汉语说得不算流利,但说得最标准的就是这句话。

阿弟告诉我们,当时扎仁镇还叫扎仁区,下设9个乡。缺技术、缺文化,制约着当地的发展。阿弟作为扎仁区唯一掌握铁匠技术的人,亲自对来自各乡的学徒进行培训,教会他们如何制作炉子、烟囱等。

"能为别人服务是我的骄傲。"阿弟不仅严格要求自己,而且教育自己的孩子也要以党员的标准严格要求自己。"我们家出了3名大学生,其中一名是国家干部,大儿子红英也入了党,现在还是致富带头人。"说起这些,老人显得很自豪。

"父亲给我们起了很好的带头作用。对待每件事情,他总是先严格要求自己,亲身示范。他总是用《毛主席语录》教导我们,我记得最牢的四个字是'自力更生'。"儿子红英不时给阿弟加着热茶,对父亲的尊重流露在一举一动中。

阿弟老人的"为人民服务",成为全家践行的家训。

"我们已经富裕了,要带动更多的人富起来,这是父亲经常给我们说的。"在国家政策的扶持下,红英开办了汽车修理厂,有着不错的收入,现在与两户贫困户结对,帮助他们脱贫。

"他们一家真的为镇里作了很大贡献,只要谈及扶贫,他们总是最先

阿弟(左)与儿子聊天(王晓莉 摄)

响应，甚至对其他村的贫困问题，他们也尽力帮忙解决。"扎仁镇纳色社区第一书记多吉的话语中满是钦佩，"有一次，我们召集社区的人自愿筹钱，帮助解决贫困户的生活困难。红英听到这个消息，直接拿着3000元现金送到我们办公点。"

相比多吉的感慨，阿弟却觉得这些都是身为一名党员应该做的事情，"我们家现在有118头牛、60只羊，还有汽车修理厂，5个孩子里外张罗着，不愁吃穿。如今的幸福生活都是共产党带给我们的，而我们的责任就是要让更多的人感受到党的恩情。"

（扫描二维码了解更多视频、图片内容。）

"共产党的恩情永远不能忘!"
——记翻身农奴、拉萨市城关区蔡公堂街道恩惠苑社区贡嘎

裴 聪　格桑伦珠

身份背景

贡嘎,男,今年86岁,拉萨市城关区蔡公堂街道恩惠苑社区居民。民主改革前,他们全家10口人都是位于林周县热振拉让下属的一个小庄园的"差巴",一家人挤在既黑又小的房子里生活,吃了上顿没下顿。

民主改革后,贡嘎一家分到了土地、粮食和牛羊,开启了崭新的生活。2016年,贡嘎老人享受易地扶贫搬迁政策,搬到城关区蔡公堂街道恩惠苑社区,住进了宽敞明亮的电梯公寓,每年还能领取高龄补贴。

"扎西德勒!扎西德勒!快坐下,尝尝我们家的风干肉和酥油茶。"贡嘎老人热情地招呼记者。丰盛的糖果、新鲜的风干肉和各种饮品摆满了客厅的茶几。正午的阳光透过窗户洒满了房间,温暖又明亮。

已是耄耋之年的贡嘎老人留着一小撮花白胡须,身体硬朗,精神矍铄。贡嘎老人原来居住在林周县阿朗乡阿朗村。2016年,享受易地扶贫搬迁政策,他和小女儿白玛搬到了位于城关区蔡公堂街道恩惠苑社区一套80多平方米的电梯公寓。会木匠手艺的准女婿群培把新房装修得非常精致,宽敞的客厅、干净的卧室,温馨舒适又不失民族韵味。

"我们在恩惠苑社区住了两年多时间了,这里出门就有便民服务大厅、惠民蔬菜直销点、医务室、公交站,生活十分方便。就像这个社区的名

字一样,从60年前西藏民主改革至今,作为一个翻身农奴,我常常告诉自己和身边的人,是共产党让我们获得了人身自由,带领我们过上了幸福美满的生活,要把'恩惠'二字常记心间。"坐在客厅的卡垫上,老人一边拍着自己的胸脯一边说道。

60年前,贡嘎是位于林周北部热振拉让下属的一个小庄园的"差巴",从13岁开始就为庄园主修房子、种地。"年年为庄园主累死累活地修房子,但我们一家10口人却只能挤在既黑又小又冷的房间里睡觉,刮风下雨的时候心里尤其担心。"贡嘎老人端起木碗,喝了一口酥油茶,女儿白玛又为老人倒满。老人举起自己的手作了一个比喻:那时候,庄园里的农奴就像手指头一样被分为五个等级,每个等级都有不同的分工。像大拇指这个等级的农奴干的活和交的差相对少些,等级越低越悲惨。遇上不能按时服差役或者交够税,农奴主不听任何解释,就没收家里所有的东西或者把这些农奴流放到山南洛扎一带。老人说,在农奴心里,悲惨的生活日复一日,看不到一点希望。

黑暗总会被光明刺破。1959年的夏末秋初,一场集会打破了林周县

贡嘎老人(左一)一家人乐居新家(恩惠苑),欢乐地过藏历新年

(格桑伦珠 摄)

贡嘎老人的女儿给他读报纸,了解国家政策(格桑伦珠 摄)

旁多乡一带的宁静。

"在一个阳光灿烂的上午,庄园里来了一队解放军,把我们都聚集起来,向我们大声宣布:'从此以后,你们就是自己的主人了!'"回忆起60年前的一幕,贡嘎老人至今仍记忆犹新,"他们打开了庄园的仓库、牲畜圈和箱子,给我们分了粮食、牲畜和土地。"翻身得解放的农奴们欢呼雀跃,相拥而泣。"当时我心里就一直默默念着:翻身了、解放了,共产党和解放军的恩情永远不能忘!"

民主改革后,贡嘎结了婚,在阿朗村安了家。夫妻俩靠着自己的努力,盖起了一间小房子。随着生活的改善和7个儿女的出生,家里的房子也不断扩建。现在,他的7个子女中,有的把家安在了拉萨,有的安在了那曲,家家户户有事做、有收入,生活美满。

现在,贡嘎老人和最小的女儿白玛一起生活。白玛一直在拉萨打工,有十几年了,以前和父亲贡嘎租房住。"我一个没有劳动力的老头,没有党的好政策怎么能'拎包入住'这么好、而且是位于拉萨市区的新房?"贡嘎老人感慨道。

如今,贡嘎老人每天看看电视,有时乘坐公交车到宗角禄康公园观看

演出，还常常参加社区组织的各种文化活动。"恩惠苑社区里有20多位和我年纪差不多的老人，考虑到儿女们外出工作时没有人为我们做饭，社区就把老人们邀请到社区食堂，和工作人员一起吃饭，平日里嘘寒问暖，还经常有爱心人士和企业到社区慰问，家里的砖茶、大米、面粉和酥油从来没有断过。"

小女儿白玛也靠自己辛勤的付出有了一定的积蓄，学会了驾驶，还在恩惠苑社区认识了做木匠的男友群培，两人打算时机成熟后开一家洗车店和一个家具店。白玛和群培的梦想让老人的心里更踏实了。

"国家走进了新时代，我们全家的生活也走进了新时代，相信以后的生活会越来越好。"说起未来的生活，贡嘎老人特别有信心，"我们一定会把党的恩情牢记在心间。"

贡嘎老人最爱向孩子们讲述党的恩情（格桑伦珠　摄）

（扫描二维码了解更多视频、图片内容。）

"共产党是帮助穷人的"

——记翻身农奴、阿里地区噶尔县昆莎乡噶尔新村次旦

汪 纯

> **身份背景**
>
> 次旦,女,今年79岁,阿里地区噶尔县昆莎乡噶尔新村村民。
>
> 1953年以前,次旦一家是噶尔县境内左左本(持有西藏地方政府封地铁券文书的部落)的"堆穷"。1953年后,次旦一家逃往昆莎一带,在当时刚成立不久的阿里分工委的帮助下,逐渐实现温饱。1959年8月15日,噶尔新村在昆莎成立,成为噶尔县第一个基层人民政权。次旦成为噶尔新村村民,从此走上了幸福大道。

"在每一天太阳升起的地方,银色的神鹰来到了古老村庄,雪域之外的人们来自四面八方,仙女般的空中小姐翩翩而降。祖先们一生也没有走完的路,啊,神鹰——转眼就改变了大地的模样……"位于阿里昆莎机场附近的噶尔新村,这首《向往神鹰》被广为传唱。机场上空,一架架形似"神鹰"的飞机见证了噶尔新村乃至阿里地区的快速发展。对"神鹰"的向往,蕴含着阿里人民对开放、包容、进步的无限追求。

而60多年前,阿里人民对于"昆莎"的向往,则代表的是对自由、平等、民主的不懈追求。

1952年10月,阿里地区第一个党的地方组织——阿里分工委,在噶尔昆莎成立。阿里分工委一方面积极建立各个工作机构,发展贸易,兴办现

代医疗卫生机构,修建房屋,开荒种粮、种菜;另一方面向群众发放无息贷款,进行临时性社会救济,为群众治病。

从此,各地不断有农奴前来昆莎,求生存谋发展。

次旦清楚地记得,那时候草原上越来越多的人在谈论:

"听说昆莎来了共产党。"

"共产党?共产党是干什么的?"

"听说是专门帮咱们穷人的。其他地方好多人都去昆莎了,去了就能吃饱饭!"

"真的假的?"

在噶尔新村老人家宽敞明亮的房间里,次旦告诉记者,她之所以对当时的对话记得那么清楚,是因为饿肚子饿怕了,听到"吃饱饭"三个字,脑中就一直重复着那段对话场景。

次旦说,母亲曾告诉她,她出生前,母亲挺着大肚子,还要照顾次旦的两个姐姐。父亲在一次打猎中不幸身亡,家里陷入绝境。

"母亲告诉我,我刚出生,她身子特别虚弱,但仍要从床上挣扎着爬起

次旦和丈夫白玛单增合影(汪 纯 摄)

"共产党是帮助穷人的"

来,背上我去放牧,不然一家人就没有吃的,只能挨饿。"说起遭受过无数苦难的母亲,79岁的次旦几度哽咽。

次旦9岁那年,被送到一个牧主家放牧。"放牧那段时间,不能睡帐篷,只能睡牛羊圈。一天辛苦的劳作只能换来一小碗粗糌粑。"次旦说,"牧主让干什么就干什么,让睡哪里就睡哪里,给吃什么就只能吃什么。我们根本不是为自己而活,而是像牲口一样为牧主而活。"

次旦还记得11岁那年冬天,雪下得特别大,她看管的羊有一只从羊圈里跑出去找不到了。牧主不问青红皂白,对次旦就是一顿毒打,逼着她去漫天风雪中找羊。次旦只能在齐膝深的雪中爬行,手脚都冻僵了,差点被冻死。

1953年,次旦一家人踏上了逃往昆莎的路。

"在路上我们才发现,很多穷人都去昆莎找共产党。"此时,次旦的眉头终于有些舒展,"到了昆莎,很多人在共产党住的房子周围搭起了帐篷。"

"大家做编织、磨豆腐,可以跟共产党换大米、肉、蔬菜,还有钱。"在

次旦(右三)和家人合影(汪 纯 摄)

阿里分工委，次旦不但第一次尝到吃饱饭的滋味，还体会到温暖。当时，阿里分工委的干部看次旦穿得破旧，便送给了她一套军装和一双解放鞋。

在昆莎，次旦还认识了白玛单增，收获了爱情。白玛单增曾经是日土宗的农奴，也是逃到昆莎来的。1959年，阿里地区进行民主改革，噶尔新村成立，俩人成了噶尔新村的第一代村民。

1965年，次旦和白玛单增结婚，至今已经携手走过了54年光阴。

采访中，时间不知不觉到了中午。两位老人手牵着手，互相搀扶着，穿过噶尔新村干净整洁的水泥路，来到女儿次仁吉和次仁央宗开的茶馆里。孙女石确卓玛、白珍赶紧为老人端上了酥油茶和可口的饭菜。曾孙旦增平措将一块糖果塞到次旦老人的嘴里，老人脸上笑开了花。

（扫描二维码了解更多视频、图片内容。）

"感党恩听党话跟党走,是我一生的信念"

——记翻身农奴、昌都市芒康县木许乡木许村帕拉组邓巴

桑邓旺姆

> **身份背景**
>
> 邓巴,男,现年79岁,昌都市芒康县木许乡木许村帕拉组村民。
>
> 民主改革前,邓巴和母亲在木许乡的庄园主和贵族家里干活。16岁,邓巴成为布多丛家族的奴隶;19岁时,民主改革的春风吹遍木许大地,木许乡的农奴翻身得解放,邓巴和母亲分到了土地、房子和牲畜。如今,邓巴一家四世同堂,生活幸福。

走进占地400平方米的藏家小院,院内栽种着各种花卉,房间里整洁明亮,这是芒康县木许乡木许村帕拉组邓巴老人的家。

记者一行到来时,邓巴老人正在给院内的花草浇水。海拔2000多米的木许村,充满春天的气息,花朵争相开放,十分艳丽。

"阿聂(藏语意为爷爷),现在生活得幸福吗?"

"我现在住在属于自己的房子里,做自己想做的事,吃自己爱吃的食物,这样的我能不幸福吗?"

邓巴老人放下手里的活,带记者一行走进客厅,在精美的藏式茶碗里倒上醇香的酥油茶,开始讲述起民主改革前的往事。

"我一出生便是农奴,母亲刚生下我,就被庄园主们逼着干活,如果被发现偷懒,他们就会用牛皮鞭狠狠地抽打,母亲根本不敢休息。"

"庄园主很残忍,干的都是没有人性的事。我听母亲说,我们家本来是有房子的,但是被庄园主硬生生抢走了,之后我们就一直过着没房没地没牲畜的苦日子。"

"那时为了填饱肚子,我们经常要到各大庄园主和贵族家里干活,他们给我们的饭,是玉米饼和野菜粥(一种喂养小鸟的食物,现在这种食物已经不存在了),糌粑和酥油茶只有庄园主能吃。住的就更不用说了,几十个农奴在一间小屋里打地铺睡,人挨着人,动都动不了。"

回忆起过往,邓巴老人摇了摇头,几度哽咽。

"现在的生活很幸福,这都多亏了共产党和解放军。"望着家中摆放的领袖像,邓巴老人说起木许村的民主改革。

1959年,民主改革的号角在芒康吹响,所有庄园主被解放军赶出了村子,房契、地契都被烧得一干二净,所有的房屋、牲畜等都被分配给了群众。看到这一幕,邓巴才确信,他们获得了新生。

老人说:"当时我和母亲分到了之前庄园主住的部分房子、1.2亩土地、1头骡子、1头猪、2只鸡、1只奶牛、2棵核桃树、2棵梨树。"

说起民主改革,邓巴乐开了花:"解放军把庄园主赶出村子的那天夜里,我睡得特别香,想起再也不用当奴隶了,睡梦中都能笑出来。"

两年后,邓巴和同村的卓玛结婚,因为曾经都是农奴,相同的经历让两人惺惺相惜,也倍加珍惜来之不易的新生活。

现在的邓巴一家,四世同堂,有5个子女、10个孙子孙女,还有5个曾孙。

邓巴老人在浇花(桑邓旺姆 摄)

"儿孙满堂已经很幸福了,但最让我感到欣慰的是,现在的美好生活,我母亲都享受过,她是前年去世的。多亏共产党解放了我们,我的母亲才有机会成为长寿且有福气的人,是共产党给了我们新生活。"

"你看,现在孩子上学有'三包',这对困难家庭来说是多么好的政策啊。再看交通,村村通上了公路。有政府的各项优惠政策支持,大家的干劲都很足,都想依靠自己的双手勤劳致富。"邓巴激动地说。

今天,邓巴老人的后代在木许、芒康、昌都、拉萨等地追寻着自己的梦想,而老人依然守着这片生活了79年的土地,见证着她的变迁。"没有解放军就没有现在的我,没有中国共产党就没有现在的美好生活。拥护党的领导,感党恩、听党话、跟党走,是我一生的信念。"

邓巴老人和家人一起享用晚餐(桑邓旺姆 摄)

(扫描二维码了解更多视频、图片内容。)

"共产党给了我幸福生活"
——记翻身农奴、山南市乃东区昌珠镇色康社区坚才

段 敏　刘 枫　马 静

> **身份背景**
>
> 坚才,生于1948年,现年71岁,居住在山南市乃东区昌珠镇色康社区。
>
> 民主改革前,坚才一家8口人都是色康豁卡的农奴,全家人没有吃过一顿饱饭。民主改革后,坚才一家分到了16亩地和10只羊。坚才读了4年书,学会了藏语和算术,并通过努力成长为一名村干部。如今,坚才一家建起了两层小楼,生活富足。

2019年2月27日,记者一行来到坚才老人家采访时,家里摆放的卡赛、青稞苗等年货还没有撤下来。听说记者要来,坚才老人还精心准备了糖果、瓜子、葡萄干等。

"这些东西在旧西藏不要说吃,想都不敢想。"坚才老人说,在他的印象中,民主改革前,自己就没吃过一顿饱饭,整天为吃饭问题发愁。

当时,坚才一家8口人都是色康豁卡的农奴,身为"差巴"的父亲除了要种地,还要负责给管家做饭。每天,当父亲从豁卡做完饭回来,坚才都会好奇地问管家当天吃了什么,闻闻父亲做完饭手上留下的余香,解解馋。一次,坚才偷偷翻过围墙,想到豁卡内一探究竟。当时,正赶上"差巴"们在用牛皮口袋装油,他被眼前的场景惊呆了:"那么多缸油,大瓢大瓢地装,要装到什么时候啊。"

"我们只有过年时才能吃上一点点油,他们怎么能有那么多油?"坚才老人气愤地说道。

据老人回忆,当时的色康谿卡有16户"差巴",大部分从事农业生产,"当时大人们每天天不亮就出去耕种,很晚才回来。"

据《乃东县志》记载,乃东地区因土地肥沃,历来是旧西藏地方政府和权臣外戚的封邑。据统计,西藏民主改革前,当地共有大大小小的谿卡75处之多。

坚才说,当时色康谿卡一年要向哲蚌寺交2次租,有时要交3次。"大多是用毛驴驮着去,人跟在后面走。路不好走时,要走半个多月。"老人说,"路远、难走不说,验租还特别严,大家都不愿意去,管家点到谁谁就只能自认倒霉。"

"他们虽然没打过我,但我特别怕他们,见了总是远远地绕着走。"坚才说,管家经常用鞭子打人,可凶了。"他们对'差巴'要求很严苛,身体不好的'差巴'还要上税。"坚才告诉记者,"他的一个哥哥由于身体不好,到了当'差巴'的年龄被管家退了回来,为此,家里要交7藏克(1藏克约等于14公斤)的粮食。"

坚才(左)在给小女儿卓玛讲述西藏民主改革60年来的变化(段 敏 摄)

坚才一家租种色康谿卡3亩地，产的粮食一半要交租。"交完租后，如果再凑7藏克人头税，一家人只能喝西北风了。"

"还好，全家人正为7藏克人头税发愁时，西藏开始了轰轰烈烈的民主改革。"坚才高兴地说道，"赶走了领主，我们一家分到了16亩地和10只羊。"

有了自己的土地和牲畜，坚才一家的生活也渐渐好了起来。"1960年秋天，家里打了20多袋粮食，父亲为全家人做了藏面，里面放了猪肉和牛肉，别提有多香了，我一口气吃了三大碗。"这顿"出生以来最好吃的饭"，让坚才终生难忘。

坚才老人在房顶插上了国旗（段 敏 摄）

民主改革后，依托党的各项好政策，坚才和姐姐卓嘎也走进了学校。"在旧西藏，读书是贵族的特权，'差巴'的孩子是不允许读书的。"

"我1965年入团，1976年入党，1992年开始担任色康村（现色康社区）党支部书记，2008年退休。"说起往事，坚才感慨道："是共产党给了我幸福生活，没有共产党就没有社会主义新西藏，就没有我的今天。"

如今，坚才每月能领到450元"三老"补贴，他的6个子女中，3个已经工作，家里出了1名大学生、2名中专生。他每天都会在外孙女旦增巴宗的"奖状墙"前站一站、看一看，仿佛看到了子孙们更加美好的未来。

坚才老人最高兴的事，就是每天看看外孙女旦增巴宗的奖状（段　敏　摄）

（扫描二维码了解更多视频、图片内容。）

"房子越来越大，生活越来越好"
——记翻身农奴、日喀则市桑珠孜区波姆庆社区边巴仓木决

张 斌　扎西顿珠

身份背景

边巴仓木决，女，生于1929年，现年90岁，日喀则市桑珠孜区波姆庆社区居民。

民主改革前，边巴仓木决一家10口人都为古汝家族服差役。那时候，边巴仓木决一家挤在不到20平方米的小屋子里，繁重的劳役和非人的待遇让她的父亲早早离世。民主改革后，边巴仓木决先后育有8个子女，现在四世同堂，生活安稳富足。

2月中旬的日喀则，天气晴好，阳光明媚。此时的日喀则市桑珠孜区波姆庆社区群众还沉浸在新年的团聚氛围中。绕过曲折的社区小路，就到了边巴仓木决老人家。

这天，边巴仓木决的大女儿和女婿专门过来看老人，一家人围坐在桌旁喝茶，有说有笑。

"你生下来西藏就和平解放了，8岁那年就民主改革了，真是有福气。"边巴仓木决对着一旁的女儿笑着说。"我们小时候，一家10口人挤在一个20平方米左右的小屋子里，另一边是个小羊圈，刮风漏雨是经常的事。住的不好不说，更要命的是吃不饱。我的父母给农奴主看护林子，孩子到了一定年龄还要交人丁税。我们家里没有农田，我8岁起就和哥哥姐姐们靠捡柴火、挖人参果给家里换来一丁点的糌粑。"

"房子越来越大,生活越来越好"

13岁那年春天,边巴仓木决的阿爸在农奴主家里灌溉农田,一不小心把渠水放到了邻居家的田里。那一家的主人很是恼怒,在边巴仓木决阿爸的背后狠狠拍了一铁锹。当时医疗条件差,边巴仓木决的阿爸受着伤还继续干重体力活,不到一年就去世了。

"从那时起,我就觉得所有的穷人寿命都很短。"残酷的封建农奴制社会给幼小的边巴仓木决留下了深深的阴影。

1959年民主改革,边巴仓木决一家分到了土地,从可以吃饱穿暖到安定富足,日子越过越有盼头。

1987年,老人同子女搬进了波姆庆社区。60年来,边巴仓木决一家共搬了7次家,从原先20平方米的小屋子到土坯房再到砖混结构的小楼。"房子越来越大,生活越来越好。"

2008年,老人的爱人因病去世,终年78岁。"他是个高寿的人,现在西藏的条件越来越好,国家每个季度给我们发放寿星补贴,社区每年还免费给我们这些上了年纪的人检查身体,人人都很长寿。"边巴仓木决说。

2012年,在国家安居工程的好政策支持下,孙子南木加又盖起了新居。新的两层藏式楼房窗明几净、各类家电应有尽有。让边巴仓木决老人高兴的是还有个大院子,水泥石板路一直铺到了家门口。

"我可以出去散散步,即使刮风下雨也能在院子里走一走。"边巴仓木决老人说,现在上了年纪耳朵有点背了,但每天坚持走路仍是她雷打不动的锻炼项目。

边巴仓木决老人说:"我现在老了,帮不上孩子们什么忙,但是我可以把自己照顾好,让

边巴仓木决老人近照(扎西顿珠 摄)

儿孙们都少操点心。"

几年前,老人曾因突发重病被送进医院抢救。"现在的医疗条件可好了,大病用机器一查就清楚,看完病还能报销一大部分医药费。如果在旧西藏,我肯定早就不在人世了。"边巴仓木决老人说。

"阿妈啦在旧西藏什么苦都吃过,民主改革后才逐渐过上好日子。"大女儿卓嘎深情地说,"阿妈啦的孙子辈里现在有8名公务员,重孙辈已经有念大学的了。阿妈啦经常教育我们:这是共产党领导下的好时代,要好好工作,不能辜负党的恩情。"

儿孙孝顺,心情愉快,虽说已届鲐背之年,但边巴仓木决一点都不服老。当记者提议给她拍张照片时,老人竟然高兴地举起喷壶要给阳台上的花儿浇水。

"重的体力活我干不了,浇花我可以!"边巴仓木决老人露出了笑容。

边巴仓木决老人正在浇花(扎西顿珠 摄)

(扫描二维码了解更多视频、图片内容。)

从住牛棚到住"别墅"
——记翻身农奴、林芝市工布江达县朗村平措旺堆

张 猛 王 珊 张淑萍

身份背景

平措旺堆,男,生于1946年12月,现年73岁,居住在林芝市工布江达县江达乡朗村五组。

民主改革前,平措旺堆一家是次仁多布杰庄园的"堆穷",租种庄园主家的少量土地,付高额地租,吃不饱,穿不暖。民主改革后,次仁多布杰庄园彻底消失在历史长河中,平措旺堆一家人的命运发生了翻天覆地的变化。

初春的工布江达县,暖意融融。刚进入朗村,就看到平措旺堆老人站在村口迎接我们。"辛苦了,赶紧到家里坐",老人讲话中气十足,步伐矫健,让人不敢相信眼前这位老人已经是73岁高龄了。

崭新的二层小楼里,平措旺堆老人的老伴次仁央金为我们端上热腾腾的酥油茶。

"在旧西藏,我们家是次仁多布杰庄园的'堆穷',租种庄园主家的3亩地,每亩地每年要交60斤粮食。那会儿粮食的产量很低,可能连200斤都没有,要是遇上雪灾、旱灾,颗粒无收,但租子必须得交。除了种地,爷爷和爸爸还得经常给庄园主干活,辛苦一天只能得到两块很小的青稞饼。"

"那会儿家里能吃的都是难以下咽的粗粮,但更为糟糕的是依然会有很多天没有粮食吃。"平措旺堆老人指着院子里的牛棚说,"那时的房子还不如现在的牛棚,就是用烂木头和石块随便堆成的,房顶用茅草和树枝

覆盖，夏天漏雨、冬天漏风。"

"那时候全家人没有一件像样的衣服，更没有被子，我捡到一张庄园主不要的破羊皮，当作衣服穿在身上，算是我那时最珍贵的东西了。冬季的夜晚尤其难熬，既冷又饿，遇到下雪天，简直让人崩溃。"当然，这还不是平措旺堆一家最困难的时候。

"我8岁那年，庄园主让阿爸和村里几个年轻'堆穷'坐牛皮船去河对岸的山上砍柴。因水流太急，船翻了，一船人中仅有一人幸存，阿爸和其他人全部遇难。"

"本来就吃不饱、穿不暖，阿爸的去世更令家里雪上加霜。为了让唯一的孙子活下去，伤心欲绝的爷爷奶奶把我送到了附近的扎西曲林寺。"

"在寺庙里，我每天都要打扫卫生，给大喇嘛们做饭、洗衣，还要去寺庙的地里去拔草、收割，勉强维持生存。"

1959年，民主改革的东风刮到了朗村。

"当时村里来了一队穿着绿色军装的军人，有人在传他们是来解放我

平措旺堆（前排右一）与家人合影（张 猛 摄）

们的,但是大家几乎都不相信。直到召开村民大会,解放军给我们分了土地、财产,大家才相信这是真的。"说到这里,平措旺堆老人的脸上露出了笑容,"我家分到了8亩地,还分到了很多生产工具。我也不用再待在寺庙里,一家人终于可以团聚了。"

"民主改革后的第二年,家里的日子就好过多了,收获的粮食够全家人吃饱。后来,在村里人的撮合下,我娶了隔壁村最漂亮的姑娘,成了家。"平措旺堆深情地望了一眼在一旁忙碌的老伴,继续说道,"1970年,我申请做了乡里的护林员,一个月有9块钱的薪水。"到现在,平措旺堆已做了近50年的护林员。

住着崭新的楼房,开着漂亮的小轿车,院子里桃花竞相绽放。2019年年初,在政府的帮扶下,平措旺堆的外孙格桑多吉贷款买了一台装载机,在工地上干活,收入还不错。

"这都是党的政策好,不然我们哪能过上这样幸福的生活。感谢党,感谢政府!"临行前,平措旺堆老人不断向我们重复着这几句话。

(扫描二维码了解更多视频、图片内容。)

"共产党让我获得了新生"
——记翻身农奴、日喀则市康马县少岗乡朗巴村宗吉

楚武干　扎西顿珠

> **身份背景**
>
> 宗吉，女，现年82岁，家住日喀则市康马县少岗乡朗巴村。
>
> 民主改革前，宗吉一家12口人都是朗通庄园的农奴。宗吉11岁时成为朗通庄园的"朗生"，给庄园主夫人做女佣。1959年，民主改革彻底废除了封建农奴制度，宗吉分到了衣服、房子和土地，从此她的人生也发生了巨变。

"即使雪山变成酥油，也是被领主占有；就算河水变成牛奶，我们也喝不上一口；生命虽由父母所赐，身体却为官家占有……"初春的康马县少岗乡朗巴村，依旧寒风凛冽。82岁的宗吉老阿妈坐在自家客厅的藏式沙发上，回忆着旧西藏的黑暗与苦难，那些给庄园主夫人当女佣的日子，至今仍记忆犹新。

"我父母都是朗通庄园的农奴，生活很苦，父母没法养活我，就把我送给了庄园主的夫人做女佣。洗衣、做饭、端茶送水、打扫卫生等等，我每天起早贪黑有干不完的活儿。"宗吉老人回忆说。

"稍微做不好，就会挨打受骂。"宗吉记得，有一次，为夫人端茶时，不小心把茶水洒出了一点，便被夫人狠狠扇了巴掌。至于被打了多少次，宗吉已经记不清了。

在旧西藏，农奴面前只有三条路：逃荒、为奴和乞讨。

宗吉说,她也逃跑过。

那一年,宗吉22岁。一次,庄园主和夫人带了大量贵重物品去拉萨,宗吉负责保管,因少了几件瓷器,夫人罚她十几天不准吃饭。

因为饥饿难耐,宗吉最终决定逃跑。"我害怕被抓住,就一直跑,跑到了拉萨一处解放军驻地。"宗吉清楚地记得,跑到部队后,解放军给了她一间小房子,送了被子和很多吃的,还安排她到后勤做帮厨。

不幸的是,两个月后,宗吉不小心又被庄园主抓住了。"关了20多天后,又把我押回了庄园。"所幸苦日子没有持续多久,宗吉被抓回朗通庄园那一年正是1959年,西藏民主改革的一声春雷,唤醒了这片沉睡的土地。

"是朴连长救了我,是人民解放军救了我,是共产党救了我。"说起朴连长,宗吉老人眼中泛着泪光,"当时,朴连长带着十几名解放军来到朗通庄园,将我们这些农奴集中起来,宣讲政策,给我们分庄园主的家产。朴连长说,废除农奴制度后,大家就再也不用受农奴主剥削,可以做自己的主人了。我们都情不自禁地欢呼'毛主席万岁!''共产党万岁!'"宗吉回忆道。当时,她分到了几件庄园主夫人的上衣、藏袍和皮靴,还分到了房子和土地。"当女佣时,只有一件可以勉强遮体的衣服穿,看着庄园主夫人身上华丽的衣服,我特别羡慕。没想到我也穿上了她的衣服,这是我第一次穿这么好的衣服。"宗吉说。

"从给庄园主当牛做马到自己买车、出门坐车,从与牲口同吃同住到住上藏式楼房,从生病无人管到享有免费医疗,柏油路、水泥路通了,水电通了,网络通了,我们生活方方面面的变化都太大了。"从黑暗到光明、从落后到进步,宗吉见证了西藏从苦难到辉煌的发展历程。

可见可感的变化、真真切切的感受,让宗吉更加坚定跟党走的信心和决心。"经历过旧西藏的苦,才更能懂得珍惜新西藏的甜。共产党让我获得了新生,做人不能忘本,要感党恩、听党话、跟党走。"宗吉说,民主改革后,她还当上了村里的妇女主任,真正实现了当家做主。

如今,住着宽敞明亮的安居房,使用着各种家具家电,享受着政府的各种补贴,宗吉老人笑呵呵地说:"有党和政府的关心关怀,孩子上学、就医不用花钱,想穿什么衣服都能买到,酥油茶想喝多少喝多少,肉想吃多少吃多少，我对现在的生活很满足。"

宗吉老人（左）的女儿拉琼正在给老人梳头（扎西顿珠 摄）

（扫描二维码了解更多视频、图片内容。）

"跟着共产党走,我干劲十足!"
——记翻身农奴、阿里地区革吉县布贡村村民久美

汪 纯

> **身份背景**
>
> 久美,男,1949年7月出生,阿里地区革吉县革吉镇布贡村村民。
>
> 久美的母亲,是革吉县境内雄巴部落头人的女儿,因与一位农奴相爱并私定终身,被部落头人无情地逐出家门。民主改革后,久美积极学习文化知识和党的路线方针政策,成为革吉县小学的老师。1982年,久美加入中国共产党。近年来,久美被选聘为革吉县脱贫攻坚政策宣讲员和"四讲四爱"群众教育实践活动农牧民宣讲员。

2019年3月17日,一场决赛在阿里地区精彩上演。

为期50多天的阿里地区脱贫攻坚政策知识竞赛,进入最后的角逐阶段。54名选手经过初赛、复赛层层选拔,从全地区218名报名人员中脱颖而出。

决赛中,一位70岁高龄的参赛者尤为引人注目。他将习近平总书记关于脱贫攻坚的重要论述以及中央、西藏自治区脱贫攻坚政策熟记于心,从容作答。最终,这位老人夺得农牧民代表组冠军。

"跟着共产党走,我干劲十足!"在颁奖典礼上,老人字字铿锵地说。老人的名字叫久美。

再次见到久美老人时,他正和一群年轻干部在革吉县"直库爱国主

在阿里地区脱贫攻坚政策知识竞赛颁奖典礼上久美被授予一等奖

（汪 纯 摄）

义教育基地·红色文化旅游景区"项目建设工地上。

革吉县委宣传部副部长贡觉扎西说，前不久，久美老人了解到革吉县要将老县城所在地直库遗址重新修缮保护，建成爱国主义教育基地和红色旅游景区，便主动找到革吉县委。

"久美老人在县城工作生活了很多年，对老县城非常熟悉，经常顶着寒风和我们这些年轻干部奔走在项目一线，为项目顺利建设提供了很大帮助。而且，他还主动捐出了价值几万元的老物件。"贡觉扎西说。

说起捐物的事，久美老人吐了吐舌头，反倒不好意思起来。贡觉扎西说，曾经有人出高价收购他的这些老物件，老人都没有答应。但是听说政府要在直库遗址修展览馆，在全县征集各种历史旧物时，老人想都没想，立即捐出了家里珍藏多年、保存完好的各种老物件。

"修复保护直库遗址是一件大好事！铭记历史，才能更好地创造历史。"谙熟党的各项政策的久美老人对项目建设有着自己深刻的见解。

久美老人说，他亲眼见证了老一辈共产党人、革命工作者是如何为了西藏百万农奴翻身得解放、过上幸福生活而艰苦奋斗的。他回忆说,60年前,革吉县城所在地只是一片茫茫草原,为了开展民主改革各项工作,工作组在草原上搭起了3顶帐篷,分别是革吉县委、县政府、县百货公司。当时的党员干部们,在极为艰苦的条件下,骑马下乡、帐篷办公、山洞办学、野外露宿,矢志不渝为人民服务。随着革吉县经济社会的发展,最初的"马背党委""帐篷政府"也搬到了直库,形成了革吉县城的雏形。

"从当初的几顶帐篷到现在的高楼林立,在共产党的领导下,我们的日子一天比一天好,如果能重新呈现这段历史进程,对现在的年轻人来说,会特别有教育意义。"久美激动地说着,思绪回到了民主改革前那段黑暗的时光,"在旧西藏,我的外公是部落头人,是官家,但是外公和我却形同路人,就因为我母亲爱上了农奴。农奴的妻子、农奴的后代只能是农奴,注定了世世代代都要受苦。"

久美老人摊着手说,伟大的爱情在那个时代只能结出苦涩的果实,血缘、亲情都越不过森严的等级制度。而如今,大家都平等、团结、互助、和谐,像一家人一样。

久美在革吉县"直库爱国主义教育基地·红色文化旅游景区"项目建设一线奔波　　　　　　　　　　　　　　　　　（汪　纯　摄）

　　1999年，布贡村一位村民在阿里地区人民医院出现产后大出血，急需输血，但医院血液库存不足。得知消息后，久美立即搭车赶到医院，撸起袖子献出了400毫升的鲜血。那位村民得救了，但当时已经50岁的久美却因浑身发虚休息了好几天才缓过劲来。"旧社会是人剥削人，新社会是人帮助人，我是党员，更要起带头示范作用，只要能帮助别人，我受点苦也是值得的。"久美说。

　　被选聘为农牧民宣讲员后，久美经常用自己的亲身经历告诉乡亲们，在旧西藏，占人口绝大多数的农奴无论怎样勤劳勇敢，都看不到丝毫的希望，只能将一切寄托到虚无缥缈的"来世"；但是在社会主义新西藏，有党的好政策，只要我们肯学肯干，就一定能过上今生的幸福生活。

　　采访结束，记者一行人准备返回，只见久美老人招着手一路小跑追过来，拉着县委宣传部副部长贡觉扎西的手，气喘吁吁地说："等直库遗址修复好后，我要申请当讲解员，你可一定要答应……"

（扫描二维码了解更多视频、图片内容。）

雅江河畔的悲与喜
——记翻身农奴、林芝市朗县朗巴居委会居民德曲

王 珊　张 猛　张 琪　王 莉

身份背景

德曲，女，生于1934年12月，林芝市朗县朗镇朗巴居委会居民。

民主改革前，德曲跟着奶奶在昌都洛隆县靠给农奴主打短工和要饭为生，没有土地，食不果腹、衣不蔽体，受尽了各种折磨。民主改革后，德曲不仅接受了教育，还加入了中国共产党，成为一名国家干部。现在，德曲老人子孙满堂，有房有车，生活幸福美满。

阳春三月，从林芝市区驱车沿着雅鲁藏布江向西，一路春光无限。株株巨大的柏树像卫兵一样在雅鲁藏布江两岸静静矗立守候，和我们一起聆听德曲老人的悲与喜……

"我从小就没见过父亲，9岁时母亲就去世了，是奶奶把我拉扯大的。小时候，我和奶奶靠着打短工和要饭维持生计。最糟糕的是过年的时候，因为家里没有吃的，从大年初三开始，奶奶就得带着我拿着碗去要饭，讨一些熬的突巴（面疙瘩）、饼子来充饥。"德曲老人说，"秋天，我去帮农奴主家挖荒根、萝卜，搬运青稞，换来一点点食物。后来，家乡年年受灾，讨不到饭，奶奶被活活饿死了。奶奶走后，我无依无靠，投奔到表姐家。表姐把我卖给村里的一户贵族，当了7年奴隶。"

德曲老人一边招呼着我们喝茶，一边继续讲述着，"这户贵族叫朗旺

卓姆,家里有8口人,每个人都有自己舒适的房间。而我们几个奴隶只能住在牲畜棚里。当时我年龄小,除了背水、扫地,还要负责捡柴。每天早晨,我都要赶着两头驴到山上捡柴,天黑了才能回家。"

"实在受不了了,我们几个奴隶就一起逃跑,跑了两次都被抓回去了。"德曲老人擦了擦眼角的泪水,"他们抓我回去时,用绳子套在我的手上,骑着马拽着我,我只能跟着马跑,好几次摔倒在地上,被马拖着跑。"

德曲老人说,"直到1956年,我们几个人才成功逃脱。"这次逃跑异常艰辛,白天,他们躲在山坡上的树林里,生怕被追上;等到晚上,才摸着黑继续赶路逃跑。这一路,他们既累又怕,终于从洛隆县跑到了如今的昌都市所在地,遇见了共产党。

"我们7个人都被共产党收留了。共产党对我们特别好,衣服、被子、褥子,甚至洗漱用具都是党发的,那段日子很快乐,在那里,我们第一次感受到原来生活可以这么美好。"德曲老人脸上露出了笑容。

德曲在昌都一待就是半年,直到1957年,昌都解放委员会把他们送到内地学习。

德曲老人(前排左三)和其他党员一起重温入党誓词(王 珊 摄)

"我在内地学习了三四年后,便来到朗县工作。"德曲老人说,"比起以前,现在的朗县,无论是县城还是农村,都发生了翻天覆地的变化,经济发展、生活改善。你们看我现在住的是藏式'小别墅',这些看得见、摸得着的幸福,都得感谢共产党的恩情!"

德曲老人已经退休近30年了。退休后,她一直积极参加各种活动,而在宣传党的路线方针政策时,她更是冲在第一线。2019年,朗县成立了"夕阳红"离退休党员干部志愿服务队,德曲老人第一个报名参加。

"我已经85岁了,虽然干不了什么重活,但是我可以把党的好政策讲给年轻人听,教育引导他们感党恩、听党话、跟党走,珍惜现在来之不易的美好生活。"德曲老人乐呵呵地说。

(扫描二维码了解更多视频、图片内容。)

驱散乌云，放羊娃成了致富"领头羊"
——记翻身农奴、山南市桑日县里龙村村民桑珠

段 敏　刘 枫　马 静

身份背景

桑珠，生于1945年，今年74岁，现居住在山南市桑日县白堆乡里龙村。

民主改革前，桑珠的父母和一个姐姐相继病亡，另一个姐姐被卖到才巴谿卡为奴，桑珠成了里龙寺的"朗生"。民主改革后，桑珠走进了学堂，学会了藏文和算术，并通过自己的努力，成为一名乡聘用干部。如今，他每月能领到3100元退休金，4个子女也已成家立业，孙辈中有的上了大学，有的正在读初中，一家人的生活幸福美满。

4月的雅砻大地，柳树发芽，芳草吐绿，春意盎然。

当记者来到桑日县白堆乡里龙村采访桑珠老人时，他正在屋里认真地看着报纸。

"旧西藏苦啊，三大领主压迫人的手段实在是太残酷了。"说起旧西藏，74岁的桑珠老人一肚子苦水。他4岁那年，父母由于长期从事重体力劳动，生病得不到救治，早早离他而去。不久后，他的一个姐姐也病死了。后来，里龙寺的管家把桑珠的另一个姐姐卖到了才巴谿卡。

没了父母，没了姐姐的照顾，无依无靠、年龄尚小的桑珠只能四处要饭。还好，一个叫嘎玉的"差巴"好心收留了他。可好景不长，桑珠8岁时，里龙寺的管家强行把他带回寺里，让他做了"朗生"，负责给寺庙放牛

放羊。

"当时,我们3个人要放300多只羊,一二十头(匹)牦牛、马和骡子。"桑珠说,"另外两个都是成年人,只有我还是个孩子,因为年纪小管不好牛羊,挨打是常事。"

一次放羊时,羊羔被老鹰叼走了,管家用鞭子把桑珠打得迈不开腿走路,第二天他还得忍着疼痛去放牧。

在旧西藏,奴隶见到三大领主,只能弯着腰说话,眼睛不能直视,否则就是大不敬,随时可能招来毒打。"刑罚也有很多种,仅里龙寺就有套圈、脚镣等七八种刑具。"桑珠说。

桑珠告诉记者,当时,他一天的口粮只有极少的糌粑,除此之外什么都没有。就在桑珠感觉自己快要被饿死的时候,西藏开始了轰轰烈烈的民主改革。"是共产党给了我第二次生命。"桑珠说。

民主改革后,桑珠走进了学堂,学会了藏文和算术。读书那段时间,是桑珠人生中一段美好的时光。桑珠说:"要知道,在旧西藏,读书可是贵族的特权,农奴的小孩想都不敢想。"

"我1968年加入中国共产党,担任村党支部书记18年,后来还作为聘

桑珠(右)给女儿次仁曲珍讲述新旧西藏的变化(段 敏 摄)

用干部当上了副乡长,这一切都要感谢党对我的培养。"桑珠感慨地说。

1984年,沐浴改革开放的春风,桑珠开了里龙村第一个商店。"见我挣到了第一桶金,村民们从刚开始的质疑到羡慕,再到后来的跃跃欲试。有了党的好政策,大家致富的积极性越来越高,干事创业的劲头特别足。"桑珠对记者说。

现在,桑珠每月能领到3100元退休金,生活无忧。但最让他欣慰的是,子女都已成家立业,孙子孙女们成绩优异,有的上了大学,有的正在读初中。桑珠平日里喜欢看藏文版的《人民日报》《西藏日报》,了解祖国的发展变化。"只要感党恩、听党话、跟党走,幸福的生活就过不完。"桑珠说。

桑珠老人在看报纸(段 敏 摄)

(扫描二维码了解更多视频、图片内容。)

"忘不了睡羊圈的苦日子"
——记翻身农奴、昌都市左贡县德列比村村民四朗欧珠

万 慧

身份背景

四朗欧珠,生于1939年2月,现年80岁,昌都市左贡县田妥镇德列比村人。他8岁时,给国巴家族放羊,14岁时被过继给舅舅当养子,一家3口都是国巴家族的"差巴",过着食不果腹、衣不蔽体的生活。西藏民主改革后,四朗欧珠获得了人身自由,分到了生产资料。四朗欧珠有5个儿子、5个女儿,均生活在德列比村,生活越来越好。

蜿蜒的318国道像一条巨龙从左贡县田妥镇德列比村穿过。在蓝天白云的映衬下,这个被群山包围的村落,静默无声地展示着它的神秘和富足。

初见四朗欧珠,他头系红色英雄结,身穿黑白相间的藏袍,显得格外精神。阳春三月,阳光和煦,记者跟随四朗欧珠从318国道的一侧走到另一侧,也就是从他四儿子丁增尼玛家走到二女儿玉吉家。

叮叮咣咣,还没走近,四朗欧珠就听到从玉吉家里传来的声音。他抿嘴笑着,一瘸一拐,爬上楼梯,抬眼便望见二楼阳光棚里,村里的木工在仔细地忙活着。

"玉吉呢?"四朗欧珠问道。

"她去牧场了。"木工答。

四朗欧珠便径直走进客厅,端来牦牛肉,倒上酥油茶,拉着记者闲聊

四朗欧珠与给自家建房的工人聊天（万 慧 摄）

起来。

"看看我这条腿，现在走路都不是很方便，这就是万恶的旧社会留下的罪证。"四朗欧珠指着他的右腿愤愤地说道。

旧西藏的苦，四朗欧珠这辈子也忘不了。

"我8岁时就给农奴主家放牛羊，每天天一亮就出发，把四五十头牛羊赶到10公里外的卡隆山上。有一年冬天，雪下得特别大，漫山都是厚厚的积雪，我把牛羊往山上赶的时候，一个枯枝扎进了我的鞋子里，血一下子就流了出来，染的白雪上一片红……"回忆起过往，四朗欧珠有些哽咽。

寒冷的天气，高耸的雪山，成群的牛羊，无助的少年，这些场景成为四朗欧珠童年记忆中难以抹去的画面。

"那时候，不被冻死饿死已经算是万幸了，这些小伤又算得了什么呢。"四朗欧珠无奈地对记者说。

在旧西藏，牲畜尚且能吃饱住暖，而广大农奴却过着食不果腹、衣不蔽体的悲惨生活。四朗欧珠回忆说："当时我和20多个农奴挤在一个伸手不见五指的黑帐篷里，没有铺盖，漫漫长夜寒冷难耐，有时我就偷偷跑到羊群里取暖，现在还忘不了睡在羊圈的那段日子。"

"国巴家族承诺一年给我两只羊作报酬，可一年过去了什么都没给我，还经常打骂我。"四朗欧珠话语中满是无奈。

四朗欧珠14岁时,便被过继给舅舅巴嘎曲加当养子,虽不用再给农奴主放羊了,但却依然摆脱不了悲惨的命运。

"那时候,我们没有吃的,就得给农奴主家种地。我们一家要种农奴主家几十亩地。"说着说着,四朗欧珠眼中溢满的泪水快流出来了。

1959年西藏民主改革推翻了黑暗、残酷的封建农奴制,四朗欧珠家分到了土地、牛羊。

"我永远也不会忘记分到土地时,我们一家人相拥而泣的场景,我阿爸当时就跪下了,一直磕头说'感谢解放军,解放军是救苦救难的活菩萨'。"四朗欧珠激动地说着,阳光洒在他饱经沧桑的脸上。

"阿爸!"一声亲切的呼唤打破了此时的气氛。丁增尼玛走了进来,他刚从牧场回来,脸上满是喜悦。

"您不是说想坐我的新车出去兜兜风吗?今天下午咱们去镇上转一圈,我带您好好逛逛,顺便给洛桑买个新书包。"丁增尼玛乐呵呵地对四朗欧珠说。

四朗欧珠对记者说:"现在日子一天比一天好,生病了有医保,住房有补贴,孩子上学又免费,这在以前是想都不敢想的。党的恩情说不完,没有共产党就没有我们现在的幸福生活。"随后,他转身对丁增尼玛说:"改

四朗欧珠老人近照(万 慧 摄)

天再去镇上转转吧,今天下午我要去乡政府和村民们一起看全国'两会'的直播,在电视上我能看到习近平总书记!"四朗欧珠说着,眼睛里溢满了幸福。

四朗欧珠(中间)与乡亲们在一起(万 慧 摄)

(扫描二维码了解更多视频、图片内容。)

"旧西藏赋税比天上的星星还多"
——记翻身农奴、山南市扎囊县阿扎村村民扎西罗布

刘 枫　段 敏　马 静

> **身份背景**
>
> 　　扎西罗布,男,生于1927年8月,居住于山南市扎囊县阿扎乡阿扎村。
>
> 　　西藏民主改革以前,扎西罗布是阿扎庄园的"差巴"。阿扎庄园拥有500多亩耕地、30多户"差巴",是旧西藏章达宗辖区内的七大庄园之一,由乃朗寺派出代理人管理。面对沉重的压迫和剥削,扎西罗布一家只能拼命干活,生活苦不堪言。
>
> 　　西藏民主改革后,广大农奴身上的枷锁被彻底砸碎,扎西罗布由此翻身当家做主,开启了人生新篇章。

　　在扎囊县阿扎乡阿扎村,92岁的扎西罗布是村里人人羡慕的长寿老人。

　　第一次见到扎西罗布老人时,他正在村委会大院晒着太阳和村干部们聊天。扎西罗布已过鲐背之年,岁月压弯了他的腰杆,染白了他的头发,在他脸上留下道道沟壑。

　　西藏民主改革以前,扎西罗布是阿扎庄园的"差巴"。"那时候,我们租种庄园的8亩地,喂养庄园的30多只羊,一家人挤在两间遮不住雨、挡不住风的茅棚里,每天都在不停地干活。"扎西罗布回忆说,他就像机器一样在土地里不停地"刨食",一年到头却只能得到4袋糌粑,其余的全部都缴了税。

"我们不光要向阿扎庄园缴税,还要向乃朗寺、阿扎寺缴税,向拉萨的'雪巴列空'(旧西藏地方政府的办事机构)缴税。记忆中,不是在地里干活,就是在去缴税的路上。"扎西罗布如是说。

在旧西藏,不光收税的机构多,赋税的名目也花样百出。

"种地要缴粮食税,生孩子要缴人头税,养牛要缴牛税……""连我家养了一只鸡,每个月都要上缴10个鸡蛋作为鸡蛋税,羊拉的粪都要收集起来作为肥料税上缴。"回想起来,扎西罗布觉得,旧西藏的税不仅沉重,还十分可笑。

旧西藏民谚"赋税比水中的波纹还多,比天上的星星还多",形象地道出了"差巴"身上沉重的负担。面对层层盘剥和大量的赋税,"差巴"根本无法维持正常生活,长期饿肚子,还经常遭受严厉的惩罚。

扎西罗布说:"我亲眼见到过有'差巴'因为缴不上酥油税,被庄园管家吊起来痛打的情形。庄园里还有5户人家因为缴不起税,不得不翻过昌果山举家逃亡。"

在旧西藏,除要耕种自己租的土地外,还要无偿地为寺庙、庄园出工

扎西罗布老人近照(刘 枫 摄)

出力。扎西罗布的父亲就是在维修阿扎寺,搬运石头时,被活活累死的。

"身为农奴,命就不是自己的。"暗无天日的生活看不到尽头,扎西罗布对人生不敢有任何奢望。直到1959年,解放军到来,驱散了乌云,扎西罗布的人生终于闪烁出光芒。

"民主改革时,我正在去拉萨缴柴火税的路上,遇到运送物资的'金珠玛米',他们让我回家,不用缴税了,还要给我们分田地,我当时根本不敢相信。"扎西罗布说,"回到阿扎庄园后,发现解放军已经把无恶不作的庄园管家抓了起来,废除了所有的税,给我们分了田地、房子、牲畜。当时我家分到了12亩地、3间房和10多只羊。"

"分完田地,解放军又让我们到桑耶区开会,组织我们成立农民协会。我当时作为村民代表参加了会议,还被选为村民小组组长,后来又当了生产队的副队长。从此,日子一年比一年好起来。"民主改革后,扎西罗布最直接、最明显的感受就是粮食打得多了,家人能吃饱了,生活轻松了,晚上睡得着了。

如今,扎西罗布住着190平方米的安居房,不仅能拿到高龄补贴、养老

儿子次仁在给老人整理衣服(刘 枫 摄)

金,还能享受到医疗保险。家里有15亩地、8头牛,粮食堆满仓,每年还有生态岗位和氆氇编织收益,一家人生活幸福、其乐融融。

扎西罗布(中间)与儿子次仁、儿媳达娃央宗在一起(刘 枫 摄)

(扫描二维码了解更多视频、图片内容。)

"旧西藏的苦日子不堪回首"
——记翻身农奴、林芝市巴宜区唐地村村民宗巴

王 珊 张 猛

> **身份背景**
>
> 宗巴,女,生于1932年10月。西藏民主改革前,宗巴家5口人,靠母亲在庄园主家干活维持生计。8岁时,宗巴被送到扎巴旦增的庄园当"朗生"。民主改革后,宗巴分到了房子、土地、牲畜。1962年,宗巴任林芝县公仲乡妇女主任。

4月轻盈的脚步,在柔软的雨丝中穿行,桃花盛开,柳树吐绿。伴随春的旋律,记者一行来到林芝市措木及日湖畔,这里有一个美丽的村庄,一栋栋别具民族特色的藏家小院错落有致、干净整洁,一条条宽敞的道路直通每家每户……这里,就是远近闻名的小康示范村——巴宜区八一镇唐地村。

唐地村党支部书记普布次仁领着我们走进一个300平方米的两层藏式小院。落座后,普布次仁一边端上酥油茶,一边说:"我去请我岳母过来。"

门外传来脚步声,宗巴老人拄着拐杖,拿着两根柴火,一进门,就把柴火递给女婿普布次仁,"这里冷,赶快生火,别让客人们冻着了。"

围坐在火炉旁,老人用手捋了捋头发,拍了拍衣服上的灰,讲起了过往。

"民主改革前,我们一家5口靠母亲为庄园主干活维持生计。我8岁时,就顶替母亲,被送到扎巴旦增的庄园做'朗生'。当时,整个庄园有9

个'朗生',我年龄小,干的是打扫卫生、守大门的活。"宗巴对记者说,"到了10岁,就和其他'朗生'一样,每天天不亮,就要去很远的地方砍柴,晚上才能回家。"

"白天穿的鞋子就是晚上的枕头,白天穿的袍子就是晚上盖的被子。一天三顿,几乎全是稀饭。当时我们有首歌,大意是'姑娘洗脸不用照镜子,庄园的稀饭就跟镜子一样。'有一次,我吃的稍微多了点,管家直接抓住我的头发往墙上撞,嘴里骂着'吃这么多,干那么少。'"老人喝了一口茶,继续回忆说,"旧西藏的苦日子,真是不堪回首。"

1950年,宗巴结婚了。为了脱离"朗生"的身份,宗巴的丈夫把家里所有的牲畜、粮食,全部交给了扎巴旦增的庄园,并承诺每年交租。

"尽管结婚了,但日子仍过得苦不堪言。天天在地里干活,从来没有吃饱过。家里揭不开锅,就只能去找农奴主借粮食。记得我们当时借了30多斤荞麦,算上利息后要还90多斤。我们只能又找其他的农奴主借,欠的粮食越来越多。"

宗巴老人近照(王 珊 摄)

当宗巴家正为这年复一年的欠账发愁时,民主改革的东风吹到唐地村,改变了宗巴的命运。民主改革后,她不仅分到了5头牛、5亩多地,还当上了当时公仲乡的乡委委员、妇女主任。

改革开放后,唐地村迎来新的发展热潮,女婿普布次仁接过了村党支部书记的担子。"我刚任村党支部书记不久,因为家里缺少劳动力,想过辞职。岳母知道后,反复教导我,'群众选你做"领头羊",就是对你的信任,一定要带领群众好好干,让大家过上好日子。'"普布次仁说。

在宗巴老人的鼓励下,普布次仁一干就是34年,领着乡亲们发展生产、改善民生,村里的面貌发生了很大变化。现在,宗巴老人一家6口,四世同堂,全家年收入可达18万元。

临行前,老人拉着记者的手,嘱咐道:"我们这一辈的老人越来越少了,我们所经历的就是历史,任何人都无法抹杀掉!没有共产党就没有我们的今天,这不是一句空话,我们就是这段历史的亲历者、见证者。"

望着眼前的唐地村,家家户户房顶上一面面五星红旗猎猎飘扬……

(扫描二维码了解更多视频、图片内容。)

旧西藏的"野崽子"成了新西藏的"小老师"
——记翻身农奴、山南市贡嘎县刘琼村村民仁增曲珍

刘 枫　段 敏　巴桑旺姆

身份背景

仁增曲珍，女，生于1949年4月，现年70岁，山南市贡嘎县吉雄镇刘琼村村民。

西藏民主改革以前，仁增曲珍的父母是昌果庄园的"差巴"。1岁时，仁增曲珍就被寄养到姨妈洛桑曲珍家，长大后与姨妈一起为多吉扎寺下属曲康拉康的僧人当佣人。

西藏民主改革后，仁增曲珍获得人身自由，分到了土地和牛羊，上了5年学，当了6年教师，并加入了中国共产党，成为村干部，目前还在担任刘琼村村务监督员。她先后育有6个子女，现与最小的女儿次旦卓嘎一家一起生活。

4月的春风如美丽的轻纱，吹过柳梢头，拂过雅鲁藏布江，来到了贡嘎县吉雄镇刘琼村。

刘琼村70岁的仁增曲珍身体硬朗，精神矍铄，思路清晰。午后，阳光正好，作为村务监督员，她赶到村委会，参加全村春季植树的讨论。

讨论结束后，老人与记者攀谈起来。"西藏民主改革以前，农奴吃不饱、穿不暖，整天都在干活，没有什么权利可言。哪像现在，村民吃穿不愁，自己当家做主，人人都能参与到村子的集体活动中来。"仁增曲珍感慨道。

仁增曲珍出生在昌果庄园一户"差巴"家里，有三姊妹。因为家里

穷,她们刚一断奶,就被父母分别寄养到3户亲戚家里。"我从小就跟着姨妈洛桑曲珍生活,母亲25岁就去世了,我很少见她,偶尔父亲背柴火过来,才能见上父亲一面。那时候我太小,不懂为什么父亲每次见我,都说对不起。后来才知道,是因为那时候太穷太苦了,他们养不了我。"说话间,仁增曲珍黯然神伤。

"我姨妈是曲康拉康僧人的女佣,靠给僧人做饭、打扫卫生,才得到一点点口粮。"仁增曲珍说,她八九岁时,也开始给僧人当佣人。那时候,多吉扎寺会定期派人到曲康拉康给僧人送粮食。她和姨妈只能分到很少的粮食,几乎没吃饱过,有时候还要到刘琼庄园里乞讨。像僧人一样大口吃糌粑、喝酥油茶,曾是她最羡慕的事情。

"我们住在拉康外的一间窝棚里,僧人从来不允许我进拉康里面,穿的衣服都是用庄园管家扔掉的破布缝在一起的。冬天的时候,手都冻烂了,还要伺候僧人,干不好还要挨骂。"仁增曲珍如是说。

在她的记忆里,小时候煎熬难耐的事情不只是挨饿、受冻、干活,还有孤独。

仁增曲珍正在浸泡即将种植的树苗(刘 枫 摄)

女儿次旦卓嘎（右）在给母亲仁增曲珍整理头发（刘 枫 摄）

仁增曲珍含着泪说："那时候，我不敢和庄园里的孩子一起玩，他们经常欺负我，还骂我'野崽子'，我只能一个人默默待在窝棚里。"

1959年春天，解放军和工作队来到了刘琼庄园，把自由和新生带到这里。仁增曲珍和姨妈从此翻身当家做主，分到了3亩地和10只羊。

"解放军修通了从村子到雅江渡口的路，还开办了学校，让全村30多个孩子上了学。"作为刘琼村第一批学生，仁增曲珍1959年秋季入学，读了5年书，成了村里的"文化人"。

因成绩优异，1964年，她成为全村6名有机会进入贡嘎县中学继续学习的学生之一。但由于村里唯一的老师的离开，仁增曲珍坚决选择留在村里，当一名"小"老师，把学到的知识教给更多的孩子。

仁增曲珍说："当时我也才10多岁，没想过别的，就是觉得村里没老师不行，就留了下来，我姨妈和村民都很支持我。"作为村里唯一的老师，她坚持了6年，用一颗朴素真诚的初心，为刘琼村播撒希望的种子。

她付出的汗水和努力，村民们看在眼里，记在心里。1971年，在所有村民的注目中，仁增曲珍面对党旗宣誓。此后，她担任了刘琼村村委会会计，1982年起，先后担任村党支部副书记、村主任、妇女主任，直到2014年退休，整整当了32年村干部。

其间,她与村民一起开荒种地,帮村民解决家庭纠纷,带领村民在雅鲁藏布江边种树治沙,曾荣获山南地区先进共产党员、自治区农牧民群众先进工作者等荣誉称号,广受好评。

2016年,本应赋闲颐养的仁增曲珍,被村民推选为村务监督员,重新加入到为村民服务的行列中。

从女佣到第一批学生、第一名女教师再到村干部,走过历史的风雨,仁增曲珍的四重身份随着时代的变革而更迭。

"我现在身体健康、住得好、吃得好,女儿次旦卓嘎和女婿米玛对我很孝顺,家里有土地、有收入,还有村里的工作可以忙碌着,生活很充实。"从仁增曲珍的眼神里,我们看到了她的幸福与满足。

仁增曲珍(左)与女儿、外孙女在一起(刘 枫 摄)

(扫描二维码了解更多视频、图片内容。)

告别了穴居生活
——记翻身农奴、山南市扎囊县桑玉村村民群增卓嘎

段 敏　刘 枫　马 静　巴桑旺姆

> **身份背景**
>
> 群增卓嘎，1945年生，今年74岁，现住在山南市扎囊县扎唐镇桑玉村。
>
> 西藏民主改革前，群增卓嘎一家9口人都是嘎孜谿卡的农奴，一家人挤在一个山洞里，长期在阴冷的环境中生活。当时，他们除要服嘎孜谿卡的差役外，还要服扎唐谿卡和扎囊宗的差役。
>
> 民主改革后，群增卓嘎一家分到了14亩地、81只羊；20世纪60年代初，他们建起了新房，告别了穴居生活。如今，群增卓嘎住在宽敞明亮的安居房里，4个子女均已成家立业，生活幸福美满。

4月的雅砻大地，阳光旖旎，柳树吐绿，春意盎然。伴着春天的旋律，记者来到扎囊县扎唐镇桑玉村，74岁的群增卓嘎和姐姐赤烈旺姆、弟弟旦增正在院子里晒着太阳，聊着天。

坐在宽敞整洁的小院里，群增卓嘎将她的故事向记者娓娓道来。

民主改革前，她一家人都是嘎孜谿卡的农奴，居住在一个山洞里。"一家人睡觉只能打地铺，垫的薄，盖的更薄，冷得人直打战。"说着，群增卓嘎掀起身上的薄衫比画着说，"就是这么薄，根本御不了寒。"

长期在阴冷的环境中生活，让群增卓嘎的父母患上了严重的关节炎。

群增卓嘎（右）姐弟在一起（段　敏　摄）

"父母常说疼起来像骨头裂了一样，根本忍受不了，想死的心都有。"群增卓嘎告诉记者，小时候，夜晚经常能听到父母的抽泣声，有时白天也能看到父母掉眼泪。没有地方看病，为了缓解疼痛，父母只能上山找些草药敷敷，但作用不大，每天还得忍受疼痛的煎熬。

群增卓嘎告诉记者，民主改革以前，她的父母和姐姐除要服嘎孜谿卡的差役外，还要服扎唐谿卡和扎囊宗的差役，"天不亮就得出去，天黑才能回来，每天只能挣回一点点糌粑充饥。"年龄小正是长身体的时候，而群增卓嘎兄弟姐妹却只能在饥饿中度过。"每顿只能吃半茶盅糌粑，饿得人直发慌。"群增卓嘎说，非常饿的时候，他们兄弟姐妹就到附近的山上砍荆棘换糌粑，"一捆柴只能换一小袋糌粑，还是不够吃。"

1959年，西藏民主改革给群增卓嘎他们带来了新生和希望。

"民主改革后，家里分了14亩地、81只羊。"群增卓嘎说，民主改革后的第一个藏历新年，是她记忆最深刻、最难忘的。

"家里宰了6只羊，3只煮了吃，3只烤了吃，还酿了青稞酒。阿爸一个劲儿地给我们讲青稞酒应该怎么喝，藏历新年应该怎么过。"说着，群增卓嘎老人笑了。

群增卓嘎说,当时她还穿上了一件用内地布料做的衣服,"那种布料做的衣服穿在身上可舒服了,不扎肉,不刺手,和氆氇做的完全不一样。"

"民主改革后,家里的生活一天比一天好,修了房子,添置了家具,买了家电……"群增卓嘎说,第一次睡在床上时,她有些不敢相信,生怕眼前的这一切会突然消失。

"现在生活好啊,有那么多大医院,看病还有医保。"说着,群增卓嘎感叹道,"要是阿爸、阿妈活到现在就好了。"

群增卓嘎老人特别喜欢看西藏卫视的藏语频道节目。"电视里经常播放我们的幸福生活,看着别人的幸福,自己也感同身受。"她特别珍惜今天来之不易的幸福生活,经常说,"没有共产党,我们就不可能过上今天的幸福生活,一定要感党恩、听党话、跟党走。"

群增卓嘎现在住的房子,是在政府的帮助下建起来的安居房。"你看,房子采光那么好,夏天热不到,冬天不怕冷,可舒服了。"老人高兴地说。

群增卓嘎在织氆氇(段 敏 摄)

(扫描二维码了解更多视频、图片内容。)

经历过寒冬的人更能体会阳光的温暖
——记翻身农奴、那曲市比如县夏曲镇夏曲卡居委会居民热旦

尼玛平措　张　宇　王晓莉　谢　伟　万　靖

身份背景

热旦，男，生于1950年5月，今年69岁，那曲市比如县夏曲镇夏曲卡居委会居民。热旦的父亲去世得早，从小他便与母亲、姐姐相依为命，是一个叫"旺布巴琼"牧主家的奴隶。民主改革前，热旦一家生活贫苦、地位低下，他很小的时候，就给牧主家放牛、鞣牛皮、捻毛线，每天吃不饱、穿不暖。1960年，比如县开展了以"三反双减""三反三算"为主要内容的民主改革运动，热旦也迎来了人生的转折。如今，热旦儿孙绕膝，生活富足。

初春的夏曲卡，虽然前不久还下了一场雪，但是，目之所及，到处泛起绿意，似是响应春的召唤。

干净整洁的阳光棚里，热旦夫妇和儿女们围坐在一起，吃着点心、聊着天，享受天伦之乐。

别看老人已年近七旬，但身体依旧硬朗，家务活还和儿孙们抢着干。"小时候活干多了，现在老了也闲不住。"热旦笑着打趣道。

回忆起60年前的往事，热旦老人陷入了沉思。

"自打我记事起，就已经是一个叫'旺布巴琼'牧主家的奴隶，童年的记忆除了为牧主家放牧没别的。"回忆起当时穷困的生活，热旦老人几度哽咽，"一年四季天天跟着牛羊跑，遇到下雪或下雨天，冻得瑟瑟发抖，

脸上、手上、脚上常年带着冻疮。"热旦老人依稀记得,母亲每天晚上会用自己的藏袍裹起他们姐弟俩的双脚,在石头垒起的灶台上将动物脂肪融化,然后轻轻擦拭他们的身体,以保暖。

热旦老人说,当时他们家没有任何财产,住的是牧主家破旧狭小的帐篷,盖着满是破洞的被子,有时烧火的牛粪没了,一家三口挤在一起还是冻得睡不着。

"劳累一天,只为每天半饱的两顿饭。偶尔吃到一点糌粑时,我们都会高兴很久。""当时我特别羡慕牧主家和我同龄的孩子,可以去瓦塘寺上学,有几次我也偷偷跟着他们去,但都被赶出来了。"热旦老人说,"我们不得不面对现实,每天除了放牧还是放牧。有时候牛羊要是有个三长两短,还得挨一顿毒打,第二天忍着剧痛继续放牧。如果不去干活,就一整天都没饭吃,也领不到取暖用的牛粪。"

1959年,西藏掀起民主改革的浪潮,漫漫长夜中沉睡的羌塘草原也渐渐苏醒。

在共产党和解放军的帮助下,热旦家分到了牛羊、草场和生产工具,从此翻身做了主人,幸福的日子也如潮水般不断涌来。

"我们深知学习机会的不易,就特别勤奋,逐渐学会了识字和基础数学。"由于学习积极性强、政治觉悟高,热旦和妻子玛措成为村民眼中的"知识分子",被推举为人民公社负责人。

经历过寒冬的人,更能体会阳光的温暖。在热旦夫妇的眼里,共产党的光辉是寒冬里的暖阳,温暖了西藏百万农奴的心。

1973年,热旦夫妇一起加入了中国共产党。"共产党解放了我们,值得我们信任和依靠。在党组织里,我们接触到很多新知识、新思想,每天奔波在夏曲的草原上,宣传党的好政策。"热旦老人回忆道。

从1983年开始,热旦先后当选为村委会主任、党支部书记,直到2011年因身体原因退休。

这28年来,热旦为村里做了许多事情,也获得过很多奖励。"身为共产党员,就要树立为人民服务的思想,这就是我当年入党的初心,这些奖项里也倾注了我家人的心血。"热旦看着藏柜上摆放整齐的奖状感慨道。

热旦夫妇共育有8个子女,二儿子塔杰是双联户户长,老七、老八都是大学生，4个孙子孙女分别在拉萨和比如县上中学。

"家里出了两个大学生，这是我最骄傲的事情。如果时光可以重来，我再苦再累也要把我所有的孩子都培养成大学生，为祖国多做贡献。"老人的眼里闪耀着自豪的光芒。

虽然在家安享晚年，但热旦老人仍经常关注国家大事。

2011年以来，全区开展创先争优强基础惠民生活动，干部下到基层开展驻村驻寺工作。"这个举措好！他们把群众当成自己的亲人，把群众的事情当成自己的事情，时刻把群众的安危冷暖挂在心上，解决了村里很多实际困难。"热旦老人高兴地说。

如今，热旦家是村里有名的富裕户，家里有85头牦牛、2000多亩草场，加上"三老"补贴和虫草收入，年收入在20万元以上，生活殷实。在党的好政策下，人民群众的生活水平不断提高，医疗、教育、住房得到有效保障。"这些都是共产党带给我们的。相信在党的领导下，我们的日子还会越过越幸福。"对于未来，热旦信心满满。

热旦老人和家人的合影（王利均 摄）

（扫描二维码了解更多视频、图片内容。）

昔日无家可归　今日儿孙满堂
——记翻身农奴、日喀则市岗巴县昌龙乡亚欧村村民潘多

陈　林　张　斌　扎西顿珠

身份背景

潘多，男，生于1939年，今年80岁，现住日喀则市岗巴县昌龙乡亚欧村。西藏民主改革前，潘多一家都是岗岗吉康家的"朗生"，祖祖辈辈无法逃脱悲惨的命运。11岁时，潘多被送到岗巴宗干活，吃不饱、穿不暖，还经常挨打，对他来说，那是一段不堪回首的痛苦记忆。民主改革后，潘多的生活得到彻底改变，有了家、圆了梦，如今生活幸福、身体康健。

"家"这个温馨的词，对60年前的潘多来说，只是个遥不可及的梦。

"忍饥挨饿，衣不遮体，每天只有一勺糌粑，夏天还可以挖野菜，到了冬天，身上的虱子都成了果腹的食物。"谈及往事，潘多仍觉得历历在目，老泪纵横。

民主改革前，打从潘多记事起，他就没吃过一顿饱饭，没穿过一件干净衣服，没睡过一天安稳觉，小小年纪就承担着繁重的劳役，遭受农奴主惨无人道的剥削压迫。

"每天天不亮，就要起来喂马、背水。有一次背水，水桶的绳子没固定好，从头上滑落，紧紧地勒住了脖子，出不了气，差点被勒死。"这件事在潘多心里烙下了深深的印记。

但身体上的痛楚，远不及心灵上的伤害。

潘多说，小时候，一家人挤在一个像猪圈一样的棚子里生活，虽然破

旧不堪,但还有父母在。被送到岗巴宗后,就再没有家了,四处流浪。那时候,他好想和父母在一起,好想有一个自己的家……

1959年,在共产党的领导下,西藏进行了民主改革,废除了极端腐朽、黑暗的封建农奴制度,百万农奴翻身得解放,潘多的生活也迎来了转机。

"我们家分了19亩地、60只羊、6头牦牛,还有2间房。"潘多开心地说,"在旧西藏,我们一无所有,苛捐杂税、子孙债压得我们喘不过气。现在,共产党来了,分地、分房、分牛羊,让我们看到了生活的曙光,心里有了希望。"

民主改革大大激发了广大农牧民的生产积极性。有了土地和生产工具,因为自己肯干,潘多的日子也一天比一天好,有了属于自己的房屋。后来,他还当上了村里的民兵连长,加入了中国共产党。

1963年,潘多和村里心仪的姑娘结了婚,又修了3间土坯房,从此真正拥有了自己的家。

"太幸福了,梦想都一一变为现实,但那只是幸福的开始,后来的日子一天比一天红火。"潘多的话语中充满了幸福。

乘着改革开放的春风,潘多家的生活一次次发生着令人欣喜的变化:20世纪90年代初,潘多修建了两层小楼,上下有4间房子;2008年,得益于

潘多老人在客厅里细心擦拭家具(陈 林 摄)

安居工程，潘多家花了10万元，在旧址上重建了新房，建筑面积有200多平方米；2015年，潘多对房屋进行再次重建，扩大了院子，两层小楼上下共有7间房，建筑面积有360多平方米。院子里的3台拖拉机、1辆三轮车、1辆摩托车充分显示这个家庭的富裕。

如今，从省道直通村头的公路，一栋栋两层藏式小楼，错落有致地坐落在边境山麓，房顶的五星红旗格外醒目，家家户户通电、通水、通广播电视……这是亚欧村群众的家，也是边境地区一道亮丽的风景线。

民主改革60年，潘多有了自己的家，生活也越来越好，经历了4次搬迁换房，如今儿孙满堂。"家"已不再只是曾经寄望遮风避雨的地方，而是有了更深层的意义。

潘多感慨地说，"我永远记得共产党给了我一个幸福的家。我更深知，没有国，哪有家！我是祖国大家庭的一员，作为边民，习近平总书记给隆子县玉麦乡卓嘎、央宗姐妹的回信极大地鼓舞着我们。我们也要向榜样学习，将习近平总书记的嘱托铭记于心，像格桑花一样扎根在雪域边陲，用实际行动践行'神圣国土的守护者、幸福家园的建设者'。"

岁月流逝，耄耋之年的潘多依然精神矍铄，他总会教育儿孙们铭记历史、珍惜现在，用自己的方式回报党的恩情。

潘多老人在自己家中（陈　林　摄）

（扫描二维码了解更多视频、图片内容。）

"这辈子吃的第一碗白米饭是解放军给的"
——记翻身农奴、昌都市左贡县旺达镇东达村村民次拥珍宗

万 慧

> **身份背景**
>
> 次拥珍宗,女,1947年生,今年72岁,昌都市左贡县旺达镇东达村人,现居住在左贡县四方祥和新村易地搬迁点。西藏民主改革前,次拥珍宗全家6口人都是落空家族的"差巴",解放军进驻昌都时,在她家借宿了3个月,与她们结下了深厚的情谊。民主改革后,次拥珍宗的哥哥旦增阿旺参了军,后到八宿县公路养护段工作直至退休。次拥珍宗育有2个女儿。2018年底,老人与二女儿宗丁一起搬进了四方祥和新村,如今过着幸福美满的晚年生活。

2018年,藏东大地上、318国道旁,一个吉祥如意的村子——四方祥和新村易地搬迁点拔地而起。

"您吃了吗?"在春风拂柳的四月天里,走在四方祥和新村易地搬迁点平坦干净的水泥路上,村民们高兴地相互问候着。次拥珍宗老人说,在旧西藏,见面时只会问候对方"你是谁家农奴"……

在旧西藏,身为农奴水深火热的悲惨生活,次拥珍宗一辈子也忘不了。

"我们一家6口人都是落空家族的'差巴',父亲在农奴主的亲戚家做木匠,母亲整日早出晚归地为农奴主放牧、种地、磨鼻烟壶、洗衣服、挑水。"次拥珍宗说。

"就这还得天天挨饿。"次拥珍宗愤愤地说,一天十几个小时的工作只能换来农奴主"赏赐"的一点糌粑和野菜。实在饿得不行了,就偷偷种些当时喂牛马的芫根充饥。

肚子都填不饱,穿和住就更不用说了。次拥珍宗说,她们穿的衣服满是补丁,有时连打补丁的布料都没有,只能用动物的皮毛缝起来。家里面只有几个陶土做的碗,没有桌椅和床。

"不光生活艰苦,还经常受欺负。"次拥珍宗说,"我那时要做农奴主上马时踩着的'台阶',有时看见母亲眼睛红红地回来,问她怎么了,她也不说,但我知道,她肯定又是被管家给欺负了。管家有一句话经常挂在嘴边来吓唬我们:'没有犏牛不服牛轭,没有农奴不服棍棒'。"

20世纪50年代初,昌都战役打响后,十八军战士进军西藏,次拥珍宗一家也由此与解放军结下了不解之缘。"我清楚地记得那年冬天,雪下得特别大,二十几个解放军来到我家借宿,在我家住了3个月呢。"次拥珍宗自豪地说着,脸上露出了笑容。

"我这辈子吃的第一碗白米饭是解放军给的。"次拥珍宗眼含热泪,她永远也忘不了那个夜晚。她们一家人正饥饿难耐时,一位五六十岁的

次拥珍宗与二女儿宗丁在一起(万 慧 摄)

"这辈子吃的第一碗白米饭是解放军给的"

次拥珍宗在厨房开心地忙活着（万 慧 摄）

解放军端来一大碗热气腾腾的白米饭给她们，一家人相拥而泣。"一家人你让我我让你都舍不得吃，最后用水把那碗米饭煮成了一锅白米粥，那是我记忆中吃过最香的饭。那个穿着军装的解放军，他的肩膀上有一块徽章，特别闪亮。"

3个月后，哥哥旦增阿旺参加了解放军。后来，西藏进行了民主改革，像次拥珍宗一样，世世代代受压迫的农奴们有了属于自己的生产资料，翻身做了主人。

"过去在地狱受苦，现在在天堂享福，我现在的生活比以前要好上百倍啊。"站在自家小楼的阳台上，沐浴着和煦的阳光，望着窗外的高楼林立，次拥珍宗感叹道。

2018年底，次拥珍宗一家搬进了四方祥和新村易地搬迁点，住进了崭新的楼房。新的藏式楼房窗明几净，各种家具应有尽有。次拥珍宗乐呵呵地对记者说，床、柜子、电视都是政府给的。

民主改革60年来，像次拥珍宗一样的老百姓，生活发生了翻天覆地的变化。"安居工程让大家有了宽敞明亮的房子住，'三包'政策让孩子们上学有了保障，百姓们现在都穿皮鞋和新衣服，这在以前是想都不敢想的。不光如此,柏油路修到了家门口。以前我们种地靠人力和牛耕,现在都是机械化了,有了党和国家的好政策,大家都干劲十足,都想依靠自己的双手勤劳致富。"次拥珍宗说。

次拥珍宗的哥哥旦增阿旺退伍后到八宿县公路养护段工作,后在八宿县成家,育有一儿一女,都有了稳定的工作。二女儿宗丁和丈夫靠着勤劳的双手努力打拼,年收入近10万元,2018年9月,还买了一辆车。老人现在和二女儿一起生活,经常坐着自家的车和女儿女婿一起去镇上逛街、接送外孙上学,一家人其乐融融。

"没有党和国家的好政策就不会有我现在的幸福生活,感党恩、听党话、跟党走,是我一生的信念。"次拥珍宗老人擦拭着电视机旁的领袖像,语气坚定。

次拥珍宗老人每天都要擦拭一下家里的领袖像(万慧 摄)

(扫描二维码了解更多视频、图片内容。)

"我们离北京很远，心里感觉却非常近"
——记翻身农奴、墨竹工卡县唐加乡莫冲村村民索朗罗布

黄志武　鹿丽娟　格桑伦珠

身份背景

> 索朗罗布，男，1942年出生，现年77岁，家住墨竹工卡县唐加乡莫冲村。西藏民主改革前，索朗罗布与父亲同在唐加寺当"差巴"，吃不饱、穿不暖、差事重。民主改革后，索朗罗布一家分到了土地、牲口，他还成为全区第一批去内地读书的学生。从内地学习归来后，他先后在日喀则地委、萨迦县、墨竹工卡县等地工作，1993年退休。现在，索朗罗布每月领着6000多元的退休金，日子安稳而富足。

年过古稀的索朗罗布性格爽朗，言谈中笑声不断。他身体硬朗，每天清晨6点起床锻炼身体，7点回家为家人准备早餐。

索朗罗布的幸福生活，要说源头，还得从60多年前说起。

索朗罗布说："在旧西藏，父亲是'差巴'，我自然也是'差巴'。13岁之前，饥饿是我童年最深刻的记忆。"

"我原以为，鞋子当枕头，氆氇做的破洞裤子当床垫，连像样点的被子都没有的日子已经很苦了。然而，13岁后，黑暗的日子才真正降临。"

13岁开始，索朗罗布要在唐加寺照料比自己还高的牲畜，推平农田里的土坡、搬走沉重的石头。

索朗罗布老人回忆说："每年秋收季节，饱满的青稞穗从来不属于我们农奴，只能等官家收走所有收成后，才能在地上捡一些剩下的零碎的青

稞当粮食。"

这点青稞自然养不活索朗罗布一家5口人,为了活下去,父亲只能向唐加寺借青稞,利滚利的高息压得一家人喘不过气。

索朗罗布在唐加寺做"差巴"时,一次,管家在门外指使他进去倒茶,因为没听清是给南边坐着的主子倒茶还是给北边坐着的主子倒茶,所以倒错了。管家等他出屋后,一个耳光就将他打倒在地,还没缓过神的索朗罗布随即又被管家一脚踢掉了3颗牙齿。他苦苦哀求,可已经打红了眼的管家非但不听,还抓起在地上跪着的他往墙上丢过去,他随即被撞得头破血流。

晚上,伤痕累累的索朗罗布听其他"差巴"说,蜘蛛网和老鼠挖洞时刨出的细沙可以治疗他的伤。随后的几天里,他见到蜘蛛网就往头上的伤口里塞,看见老鼠洞口的细沙就往嘴上擦。

说起这段往事,原本乐呵呵的索朗罗布老人眼眶泛红、声音颤抖。

那时,索朗罗布觉得,乌云从他出生起就一直笼罩在他们一家上空,不知道自己能活多久,读书这些奢望的事更是从没想过。

1959年,民主改革的春风吹到了墨竹工卡。索朗罗布一家分到了14亩

索朗罗布老人每天坚持看报(格桑伦珠 摄)

索朗罗布向记者讲述民主改革前后的西藏社会变迁（格桑伦珠 摄）

良田、1匹马、2头牦牛。父亲跟随解放军的大部队进了拉萨城，为部队当向导、做饭。"第二天，我就收到民主改革工作队的通知，那年5月，我同全区800名学生一起进行了3个月的汉语培训。8月，我们坐了9天的汽车到了格尔木，然后转乘火车到达西北民族大学学习。"索朗罗布眼里充满了喜悦。

索朗罗布说："从目不识丁到会说些简单汉语，从衣不蔽体到穿上人生第一套军绿色外套，此后的6年大学时光里，我的衣服鞋帽都由学校发放。当时只觉得我们离北京很远，但心里感觉非常近，特别亲。"

由于年少时，长期在户外为农奴主支差，天寒地冻没鞋子穿，裤子的破洞还透风，索朗罗布小小年纪就患上了风湿性关节炎。一次上课时，索朗罗布的膝盖疼得他直流眼泪，老师二话不说，背着他就往学校医务室跑。经过电疗、针灸，索朗罗布的疼痛得到了缓解，可他的眼泪还是不停地流。这是他第一次接受医疗救治。

1966年，学成归来的索朗罗布被派往日喀则江孜县担任"三教"工作。"'三教'工作主要负责社会主义教育、人民公社教育、《毛主席语录》

教育。"老人挺了挺腰杆,用流利的汉语说道。

1967年,日喀则成立人民公社,在大学学习农业会计的索朗罗布担任了2年的农业会计指导员。之后,他先后在日喀则地委、萨迦县等地工作。1974年,他回到了老家墨竹工卡县唐加乡,在宣传部门工作至1993年退休。现在,索朗罗布每月能领到6000多元的退休金,日子安稳而富足。

"'共产党来了苦变甜',这不仅仅是一句歌词,更是我们那个年代人们最真切的感受。"索朗罗布望着家中的领袖像感慨地说。

(扫描二维码了解更多视频、图片内容。)

"我家出了4个大学生"
——记翻身农奴、江孜县紫金乡卡热村村民边普

扎西顿珠　陈　林

身份背景

边普，女，今年73岁，现住江孜县紫金乡卡热村。边普出生在江孜县卡堆乡，8岁时随父母在卡果谿卡（隶属于嘎西庄园的小庄园）支差。

民主改革后，边普一家分到了土地、牛羊等，获得了人身自由。后来，边普嫁到了紫金乡，和丈夫依靠自己的双手勤劳致富，先后培养了4个大学生。如今，一家人生活幸福美满。

边普老阿妈的家，院外树木林立，清亮透彻的溪水沿着院墙缓缓流淌着。院子里，摆满了各式农机设备、木匠工具和几件还没完工的家具。二楼阳光棚内，精美的藏式桌椅格外醒目，桌子上摆满了各种干果。

"莫啦（意为奶奶），您现在的生活怎么样？"

"现在，国家的政策这么好，我们的日子当然也是越过越好了！跟旧社会比，简直一个在天上一个在地下！"边普老人笑着对记者说。

谈起旧社会，边普有一肚子苦水。

"税像牛毛一样多，从生缴到死。我们祖祖辈辈都受压迫剥削，一辈子忙着支差和缴税。我爷爷次旦因为给庄园主的农田多浇了些水，被庄园管家拿铁锹痛打了一顿，回去不久就去世了。"边普气愤地说。

边普的父亲顿珠平措在嘎西庄园负责为庄园主做饭，稍微不合庄园

主的胃口就得挨打。苦不堪言的日子让边普的父亲多次逃跑。

"一次,庄园主前往康区,我的父亲和其他几个佣人逃到了内地。一年后,由于太过思念家人,父亲偷偷跑回来看我们,不幸被庄园主发现,派人强行带走了父亲,一顿毒打后,不让他回家,让他干最苦最累的活,还常常不让吃饭。"边普回忆说。

边普告诉记者:"8岁开始,我就在庄园支差、放羊、除草、捡柴,一刻都不能闲着,做不好也要挨打。那时候,看着和我同龄的庄园主的孩子整天玩耍,还可以读书,我特别羡慕。但生在农奴家,一辈子只能是农奴,温饱都成问题,上学更是白日做梦。"

1959年,西藏民主改革彻底废除了封建农奴制度,边普一家获得了自由,还分到了土地、牛羊以及一些生产工具。

"我现在依然清晰记得,那天我在山上放牧,看到十几名穿着黄绿色衣服的人来到村里。他们看到我,用汉语对我说'你好啊!'当时年龄小,我很害怕,立即跑回了家。父亲告诉我,那是'金珠玛米',是来为我们农奴做主的。"边普老人回忆说。

边普老人(中)与儿子、儿媳合影(陈 林 摄)

"听了父亲的解释,我特别懊恼,如果当时我能听懂汉语,就能跟他们说话,还可以帮他们带路。"聊起往事,边普的话语中满是遗憾。

旧西藏教育十分落后,没有一所现代意义上的学校。西藏和平解放前,仅有2000余名僧侣和贵族子弟在旧式官办学校和私塾学习。广大农奴和奴隶没有接受教育的权利。直至民主改革后,西藏的学校不断增多。"我这辈子最遗憾的是没能学习文化知识,所以我不能让我的孩子和我一样是文盲。"边普说,她的7个孩子中,有5个上了学。

如今,得益于党的好政策,她的4个孙女陆续考上了大学,小孙女正在内地西藏班就读,成绩优异,有望成为边普家的第5个大学生。

边普老人自豪地说:"旧社会,我们是农奴,没有受教育的权利。现在,有了国家的各项优惠政策,孩子们接受了高质量的教育,他们将会用自己的所学回报党的恩情,建设更加美好的社会主义新西藏。"

(扫描二维码了解更多视频、图片内容。)

"我成为新西藏的国家干部"
——记翻身农奴、日喀则市仁布县仁布乡行夏村多庆

楚武干　陈　林

身份背景

> 多庆，男，生于1939年，今年80岁，现住日喀则市仁布县仁布乡行夏村。
>
> 西藏民主改革前，多庆家祖祖辈辈是农奴，一直在帕多庄园做"差巴"，承担着繁重的劳役，遭受着农奴主残酷的剥削和压迫，挨饿受冻，衣不蔽体，病了只能听天由命。民主改革后，多庆一家不仅分到了土地、住上了房子、获得了自由，还上了学，当上了乡干部。如今，多庆一家四世同堂，生活幸福。

"有一次，我在庄园干活，因为没达到农奴主的要求，农奴主用木板抽我的脸，打得我满脸是血，混着眼泪一滴一滴地往下淌，脸肿得一个星期都张不开嘴，但没人在意我的死活。"回忆起那段黑暗的岁月，80岁的多庆依然心有余悸。

"旧西藏有首民歌：'连枷折断不可以，因为是我借自别人手。我若死去不可以，因为我是人家的奴隶。'你看，我们连死的权利都没有，哪里还谈得上人权。"多庆说，在旧西藏，农奴主不仅掌握着农奴的生杀大权，还通过乌拉差役对农奴进行残酷的奴役。从多庆记事起，各种劳役就没有停止过。

"那时，我每天要上山给寺庙采集制作藏香的原料，还要到庄园干很

"我成为新西藏的国家干部"

多杂活和农活,每天早出晚归,累了也不敢休息。"多庆说。

身体不属于自己,生命任由农奴主处置,连满足最基本的温饱都是一件奢侈的事。"那时候,在庄园干一天活,只给一勺糌粑,有时连一勺糌粑都不给,忍饥挨饿是常事。"而最令他痛心的是姐姐的死。

多庆18岁那年,亲眼看着姐姐被强行带走,从此音讯全无。"民主改革后,才打听到当时姐姐被带到了拉萨,没多久就被活活饿死。"多庆悲痛地说。

为了填饱肚子,农奴除了向农奴主借粮食外别无他法。但这恰恰是农奴陷入无底深渊的开始。

"当时,我家在山上有几分地,靠天吃饭,每年产量极少,还要给庄园交税,根本养不活一家人。为了不被饿死,只能向庄园主借粮食,还不上粮食,就逐年增加利息,越积越多,根本没有还完的一天。"多庆说。

多庆老人近照(陈 林 摄)

历史的潮流滚滚向前,雪域高原终于拨开乌云见太阳。1959年,民主改革犹如春雷,惊醒了这片沉睡的土地,多庆一家也迎来新生。

"共产党和解放军来了,给我们分了土地、牲畜和房子,我家一下有了41亩地。"多庆回忆说,有了自己的地,大家干活的积极性特别高。

在跟随解放军修路时,多庆上了扫盲班。1962年,他当上了乡里的委员,4年后又被推选为乡里的文书,直至1988年退休。

"共产党来了,我们的好日子才开始。"多庆感激地说,"我家世代都是农奴,男丁是强钦寺的农奴,女丁则是噶厦政府的女佣,家人聚少离多。现在,我和儿子在家安享晚年,孙子在做生意,曾孙子在上学,儿孙孝顺,家庭和睦。"

多庆老人侍弄家里的花草(陈 林 摄)

(扫描二维码了解更多视频、图片内容。)

"我家分到40亩地"
——记翻身农奴、洛隆县孜托镇加日查村村民加永巴旦

桑邓旺姆　陈志强

身份背景

加永巴旦，男，生于1947年3月，现年72岁，昌都市洛隆县孜托镇加日查村村民。民主改革前，加永巴旦一家人都是噶亚·布琼家族的"差巴"。民主改革后，加永巴旦一家分到了房子、土地、牲畜。现在，加永巴旦一家4口住着占地300平方米的藏式房屋，屋内宽敞明亮，家具家电一应俱全，一家人生活其乐融融。

记者见到加永巴旦老人时，72岁的他依然身板硬朗，精神抖擞，说话响亮而有力，上下楼梯毫不费力。他说："我小时候经历过旧西藏的苦，现在体会着新西藏的甜，对比这两种生活，简直一个在天上，一个在地下。"

加永巴旦一出生便是农奴，一家9口人在当时孜托镇最大的农奴主噶亚·布琼家族当"差巴"，世代背负着无法上缴完的赋税。

加永巴旦回忆说："我从记事起，家里人便为了交税而奔波，如果不能按时交税就会被农奴主关进监狱。我的爷爷遭受过农奴主残酷的压迫，有一次因为一点小事，农奴主拿起棍子狠狠打了爷爷的头，当时就出血了。走了一段路，爷爷便倒在了路边，幸好周围有人路过把他送回家中，将近一年的时间，他都瘫在床上。"

"1959年，民主改革开始，我家分到了40亩地、20头牲畜、7间屋的房子，还有衣服、食物等，我们欢喜得不得了。"加永巴旦告诉记者。

之后,加永巴旦去上了学,又当了老师、村干部等,现在虽然已经离开了工作岗位,但回想起解放军给予自己的新生,他便一直努力做着力所能及的事情。老人说:"如果不是共产党的恩情,我们这些出生即为农奴的人,怎么可能过上现在这样幸福的生活!"

加永巴旦老人正在生火,准备做饭(桑邓旺姆 摄)

加永巴旦经常对身边的人说,要时常怀着感恩的心,做人不能忘本,要坚决拥护党的领导,听党话、跟党走。

如今,加永巴旦和妹妹、女儿、孙子、孙女一起生活着,通过老党员的补贴和挖虫草、卖粮食、卖葡萄等,一年有6万多元的收入。"今年(2019年),我的孙女当上了老师,我想今年家里的收入会更可观。"加永巴旦说。

忙碌了一辈子的加永巴旦老人,如今也终于歇了下来,住的房子是2006年安居工程重修过的,上下两层,有

加永巴旦老人正在给家里的小狗喂食(桑邓旺姆 摄)

七八间屋子,儿孙们很孝顺。

从农奴到翻身做主人,再到现在过上美满幸福的生活,60年来,加永巴旦见证了民主改革的伟大历史进程。当看到电视上播放着百万农奴受尽苦难终得甘霖的画面时,加永巴旦感同身受:"我们以前就是遭受着这些苦难过来的,现在看到电视上播的这些画面,仿佛身在其中,我想不管是我们这些亲身经历过那个黑暗时代的人们,还是现在生活在光明里的后代们,都应该做到牢记历史、珍惜现在!"

加永巴旦老人和孙子洛松平措在自家客厅里(桑邓旺姆 摄)

(扫描二维码了解更多视频、图片内容。)

"解放军给了我两次重生"
——记翻身农奴、拉萨市城关区白定村村民达嘎巴珠

央 金　裴 聪　格桑伦珠

> **身份背景**
>
> 达嘎巴珠,男,1934年生,现年85岁,居住在拉萨市城关区蔡公堂街道白定村。西藏民主改革前,达嘎巴珠在南木庄园当"朗生"。民主改革后,达嘎巴珠分到了土地和房屋。如今,达嘎巴珠和大儿子觉丹一起生活,四世同堂,享受着天伦之乐。

达嘎巴珠的家在拉萨市城关区蔡公堂街道白定村。这里环境优美、空气清新,是拉萨市民和游客夏天过林卡游玩的首选之地。

大孙女开的藏餐馆里,坐满了前来就餐的客人。达嘎巴珠和老伴美朵看到记者进门,连忙招呼大家坐下,并嘱咐儿子觉丹倒茶、拿糖果。他说:"这些风干肉是用我们自家养的牦牛的肉制作的,纯天然无公害,请尽情享用。"

达嘎巴珠老人的家很宽敞,光客厅就摆了好几对茶几。回想起60年前的日子,老人感慨道:"当时我们家里只有我和妹妹两个孩子。我是家里的老大,为了还农奴主的债,8岁那年,我就被送到南木庄园当'朗生'。"

"有一天,一头牛跑到远处的山上,我想用投石器把牛赶回来,可没想到石头正好打到了牛腿上,牛腿被我打伤了。为了不受皮鞭之刑,我逃离了庄园,开始了多年四处为家的流浪生活。在旧西藏,无论你走到哪里都

"解放军给了我两次重生"

达嘎巴珠老人（右二）通过手机了解自治区"两会"盛况
（格桑伦珠　摄）

要缴税。在外流浪期间，为了缴税，我白天要到寺庙和庄园干活，晚上就在路边破旧的帐篷里过夜。流浪多年后，我在白定庄园与现在的妻子美朵相识。"

达嘎巴珠动情地说，解放军给了他两次重生的机会。第一次是民主改革前一年，当时他在拉萨做搬运工，差点被沙子活埋。幸亏解放军及时发现并救了他，让他吃饱了饭、穿上了暖和的衣服，还为他治了伤。

第二次重生就是翻身得解放。"民主改革后，在解放军和工作队的主持下，我们分到了土地。当时我还担心农奴主再把地要回去，直到看到满满的一箱地契、债据全部被烧毁，我才真正相信，我们获得了自由，获得了重生！"达嘎巴珠老人激动地说。

老人说："分到土地后，我们的日子好了起来。通过安居工程，我们家盖起

达嘎巴珠老人向两位孙子讲述民主改革前后拉萨社会变迁
（格桑伦珠　摄）

了新房,客厅、卧室、厨房、院子、车库一应俱全,家里还有3个仓库储藏粮食。现在我家有180头牦牛和一匹马,越野车、拖拉机、摩托车等交通工具都齐全。"

而今,达嘎巴珠老人的孩子们都成了家,最小的孙子也上了大学,孩子们对老人很孝顺。"我现在和儿子觉丹住在一起,他可是村里的致富能手,家里年收入超过20万元,日子过得特别安逸!"老人的脸上挂满笑容和满足。

四世同堂的达嘎巴珠老人"全家福"(格桑伦珠 摄)

(扫描二维码了解更多视频、图片内容。)

"记得那是我第一次吃饱饭"
——记翻身农奴、林芝市朗县金东乡东雄村村民拉吉

张 猛 王 珊

身份背景

> 拉吉,女,生于1934年6月,今年85岁,林芝市朗县金东乡东雄村村民。西藏民主改革前,拉吉是西日卡和卡玛两个庄园的"堆穷",过着食不果腹、衣不蔽体的生活。民主改革后,拉吉家分到了土地、房子。现在,拉吉和女儿一家生活在一起,日子过得幸福美满。

记者一行来到朗县时,适逢当地桃花盛开,空气中弥漫着淡淡的花香。

在朗县金东乡东雄村一栋两层藏式小楼里,拉吉老人的女儿巴加卓玛对记者一行说:"听说你们要来,阿妈啦激动得昨晚一夜没睡好。"

呷了一口酥油茶,拉吉老人打开了"话匣子":"在我出生前,我的阿妈啦是西日卡和卡玛两个庄园的'堆穷',所以我出生后也是'堆穷'。"

老人回忆说:"小时候,我每天要放牛、割草,如果割不满两个比我还高的筐子,回去肯定要挨打。长到十几岁时,农奴主安排我背青稞,经常要背着六七十斤重的粮食,步行十几里山路,送到农奴主的另一个庄园里。"

"当时的山路荆棘遍布,到处是碎石块。因为没鞋子穿,衣服也破破烂烂,每次背完粮食,脚上和身上到处是一道道伤口。那会儿也没钱治疗,实在疼得受不了,就去附近的河里用河水清洗一下。"拉吉老人还有

一个姐姐,也是农奴。不幸的是,姐姐因为生病没能完成农奴主分配的繁重劳役而遭到毒打,很快就离世了。

1959年,村里来了解放军,召开了村民大会,宣布废除农奴制度,并给大家分了东西。

拉吉说:"我家里分到了4亩地和1头牦牛。当时解放军看我家里没有啥吃的,还给我家送了一些粮食。有了这些粮食,当天家里就做了好多吃的,我记得那是我第一次吃饱饭。"

"有了这些东西,第二年,我家就能自给自足,再也不用饿肚子了。没多久,就有了巴加卓玛。"拉吉老人拍了拍女儿的手说。

后来,因为年轻时繁重的劳役落下了病根,拉吉老人的身体一直不太好,经常生病住院,家里没有劳动力,生活上也有些拮据。

得知拉吉老人家的情况后,东雄村"两委"和驻村工作队专门成立了党员帮扶小组,轮流帮助拉吉老人家干农活,送老人去医院治病,还号召大家捐钱捐物。"家里的很多物件都是村里的党员送给我的,我打心眼

女儿巴加卓玛在照顾拉吉老人(张 猛 摄)

里感谢大家。"拉吉老人说。

夕阳西下,我们的采访也临近尾声。"是共产党改变了我的命运,感谢党,感谢政府。"临行前,拉吉老人拉着记者的手依依不舍,不断重复着这句话。

（扫描二维码了解更多视频、图片内容。）

"宣讲是我一生的事业"

——记翻身农奴、那曲市巴青县雅安镇二村村民塔萨

万 靖　王晓莉　谢 伟　张 宇

身份背景

塔萨,男,生于1946年,现年73岁,那曲市巴青县雅安镇二村村民。民主改革前,塔萨的父亲在农奴主家当"差巴",塔萨和母亲日夜劳作,通过放牧、种青稞抵扣农奴主征收的繁重赋税,能吃一顿饱饭曾是塔萨最期待的事。

民主改革后,塔萨的生活越来越好,一家人住在近200平方米的两层楼房里。1990年,塔萨入了党,多年来,他一直致力于宣讲党的理论和政策,深受当地农牧民群众的欢迎。

4月的巴青,严冬依旧是主场,雪花在寂静的深夜肆意飘散在各处。沿着317国道向东行驶,蓝天、白云、雪山、炊烟、牛羊一路相伴,犹如置身仙境,令人心旷神怡。

"雅安镇"的路牌出现在视野中,穿过一条蜿蜒的小路,记者一行来到塔萨老人的家。

塔萨老人话不多,笑着引我们往屋里走。穿过小院进入客厅,屋子装饰得大气华丽。

"当时农奴主的房子都没有现在这间屋子的一半大呢。"喝着酥油茶,烤着火,塔萨老人将我们带回到那段过往。

"民主改革前,我和父母住在不到5平方米的黑帐篷里。父亲春天挖人参果、秋天割草、维修牲畜圈、伺候农奴主出行……"尽管父亲将所有

的时间都用来为农奴主服务,但塔萨一家3口依旧挨饿受冻。人头税、牲畜税、牛羊毛税、牛羊皮税……到了年底,父亲做的活只能勉强抵消这些税。当时,年少的塔萨渴望有一天能"成为自己的主人"。

1959年民主改革,共产党和解放军的到来,让塔萨梦想成真。

"再也不用交繁重的税,不用为温饱发愁了。"塔萨想起自己生活大转折的那一刻,刚毅的脸上露出一丝柔情,"再也不用看着那些农奴主吃肉而自己只能吃野菜了。"

解放军不顾一切与敌对势力作斗争,解放西藏人民,塔萨看在眼里,记在心上。

民主改革刚开始不久,西藏还有一些反叛分子的残余势力,他们从青海往西藏一路抢劫,夺走了群众很多的牛羊。"解放军第一个站出来,把被抢走的物资全部夺回来,归还原主。"塔萨忘不了,当时有很多解放军战士,长途跋涉离开自己的家乡,为西藏解放事业献出了自己年轻的生命。

"在伟大领袖毛主席的带领下,无数共产党员用鲜血和汗水换来了我们幸福美好的生活。"塔萨切实感受到共产党的好,把加入中国共产党当作人生中的重大目标,把宣讲工作当作终身事业。

1962年,当时的雅安下设9个组,塔萨担任其中一个组的组长。1963年,雅安合并为雅安区,下设4个乡,塔萨

塔萨近照(王晓莉 摄)

担任其中一个乡的乡长。1988年,雅安区改为雅安镇,塔萨担任镇长。

塔萨现在已退休在家,但只要村里召集开会,他总会第一个响应。他积极向群众宣传党的各项惠民政策。每一次宣讲,都不忘着重讲讲旧西藏的苦和新西藏的甜,让大家珍惜现在的幸福生活。

谈及国家一系列的惠民政策,特别是精准扶贫、精准脱贫政策,塔萨觉得党和政府做到了面面俱到。"扶贫、保险、民生等领域都给老百姓带来很多实惠,特别是就医'绿色通道',改变了'因病致贫'这一长期致贫原因。"

国家的好政策让大家过上了好日子,但塔萨也有了担忧,担心大家完全依赖国家,等着国家来帮扶,所以在每一次的宣讲中,他都会鼓励大家用自己的双手创造幸福生活。

"国家的好政策是我们脱贫的大靠山,但我们也要结合自身优势行动起来,化被动为主动,自己寻求脱贫致富之路……"紧随党的路线,塔萨的一生都将致力于宣讲事业。

(扫描二维码了解更多视频、图片内容。)

"我们迈步走在社会主义幸福的大道上"
——记翻身农奴、那曲市嘉黎县鸽群乡咔嘎改村村民其美

王晓莉　万　靖　谢　伟　张　宇　秦　瑶

身份背景

其美,女,生于1946年5月,今年73岁,那曲市嘉黎县鸽群乡咔嘎改村村民。西藏民主改革前,其美一家是农奴主纳久家的奴隶,她与妈妈、哥哥相依为命,经常挨饿受冻,时常被农奴主毒打。

民主改革后,其美一家在共产党的带领下,勤劳致富。现在其美一家四世同堂,8口人住在300多平方米的房子里,过着幸福惬意的生活。

5月的羌塘,寒意仍未完全褪去,迎着呼啸的山风,记者一行加快脚步,走进了其美老人家中。烧得正旺的炉火,瞬间驱走了身上的寒意。

客厅里,一个婴儿坐在学步车里,圆溜溜的大眼睛忽闪忽闪,跟随着我们的步伐走动,不时发出"咿呀"声和清脆的笑声,因我们的回应而开心地手舞足蹈。伴着牛奶加热后弥漫出的醇香,记者一行静静聆听其美老人给我们讲述着民主改革前的那段苦难岁月。

"我从8岁时就开始为农奴主做事,每天有干不完的活,吃不饱穿不暖,因为没有鞋穿,脚被冻伤得特别厉害。"其美老人一边说着一边缓慢地脱下鞋子,紫红色的斑块、硬结满布脚背,"直到现在,只要天气一冷,脚上的冻伤还会痛痒和溃烂。"

"只要我们不听话,事情没做好,农奴主就强迫我们戴上枷锁、铁链

等刑具进行劳作,还会用鞭子鞭打,严重的还会砍手砍脚……"其美老人说,"我很怕受到酷刑,所以一直很小心谨慎,尽力把每件事都做到最好。"

但即便做得再好,农奴主还是会"从鸡蛋里挑出骨头"。

"那是我第一次受责罚。"老人回忆说,记得有一年,宰杀牦牛的时节到了,其美被要求上山赶牛回栏。一个小女孩在山上用了两天时间和大牛"周旋",好不容易把牛赶回农奴主家,因为花费时间太长,其美遭到了他们的棍子打、石头砸。"我全身都是淤青,妈妈和哥哥也不能帮我,因为如果帮了我,会和我一同挨打。我只能默默忍受着,觉得自己是个没人要、没人管、没人疼的野孩子。"

1959年,解放军进入鸽群乡,给其美带来了曙光。

"当时有好几排的军人经过,队伍整齐,看着特别壮观。"解放军从昌都到拉萨时路过鸽群乡,那是其美第一次见到共产党的部队,但只是在山头远远地看着。

其美老人在自家客厅里(王晓莉 摄)

"有一天,农奴主找到我,一改从前对我的态度,让我冒充他们的女儿。"其美告诉记者,这是因为当时解放军进入村里后,要收缴农奴主曾经从农奴家中搜刮的财物等,再将财物平分给村里的农奴。

而为了保存自己的财物,农奴主连哄带骗地警告其美,"如果有人来问你话,你就说是我们的女儿,敢泄露半个字,小心对你不客气。"其美模仿着当时农奴主的语气,向我们解释说,因为如果她成为农奴主的"女儿"后,农奴主家就可以少交一部分财物。

迫于无奈,其美只能答应。

"但从那天起,我不再被毒打,不用再无休止地干活,也不用挨饿受冻了。"随着年龄的增长,其美渐渐明白,不是所谓的"父母"变好了,而是自己背后有着强大的力量在保护她,是共产党的威严迫使"父母"不敢再为所欲为,也是共产党给了她做人的基本权利和自由。

人民公社时期,其美决定离开"父母",自谋出路。

"自己劳作,干多干少都能回报在自己身上,人身实现了真正的自由。"当家做主的幸福感和满足感让其美对每一个明天都充满着期待。

后来,其美有了属于自己的房子、牧场……日子越过越好。

"这都是共产党的光芒照耀着我们,就像那首歌唱的一样:我们迈步走在社会主义幸福的大道上……"其美老人爽朗地笑着。

(扫描二维码了解更多视频、图片内容。)

"共产党来了苦变甜"
——记翻身农奴、尼木县吞巴乡吞达村索朗罗布

鹿丽娟　裴　聪　格桑伦珠

> **身份背景**
>
> 索朗罗布，男，出生于1947年5月，现居住在尼木县吞巴乡吞达村。西藏民主改革前，索朗罗布家中7口人都是吞巴庄园的"差巴"。父亲旺堆罗布是"尼木体"藏文书法传承人之一，在庄园中做记录一职，母亲米玛在庄园内做杂役奴仆，没有人身自由，没有土地，生活艰苦。民主改革后，索朗罗布一家分到了10亩土地，生活安宁。索朗罗布育有6个子女，子女们都有稳定的工作和收入来源。

迎着和煦的春风，采访组一行驱车来到被誉为"藏文鼻祖之乡、水磨藏香之源"的尼木县吞巴乡。走进吞达村，房屋散落在山谷中，远处雪山融化的雪水形成一条小河，从村子中穿流而过。河上，分布着大大小小用于研磨藏香原料的水磨。

走进72岁的索朗罗布老人家，索朗罗布夫妇热情地招呼记者一行参观自家的两层小楼，一楼摆满了晾晒的藏香，弥漫着幽幽的香味。

"波啦，这么多藏香要销售到哪里呀？""这些都是内地的订单，每年都和固定的客户合作。"提到藏香，索朗罗布老人没说上几句话就爽朗地笑出声来。

"现在的生活真是太好了，只要有时间，我就会用自己的亲身经历去宣讲，为党和政府多做力所能及的事情。"索朗罗布说。

索朗罗布向记者展示发家致富的藏香（格桑伦珠 摄）

对于60年前的生活，索朗罗布老人记忆里除了沉重的赋税、母亲天不亮就出门到处要饭的背影，就只剩下晚上和母亲、哥哥姐姐们一起挤在昏暗潮湿的地上，看着菜油灯发出微弱灯光的场景。

1959年，民主改革让封建农奴制度土崩瓦解，12岁的索朗罗布看着工作队登记家里的成员名单，还将农奴主的地分给了父亲。"这10亩农田从此以后就是我们自己的了，再也不用交9成多的农租了。我们一家终于告别了'伸手摸到碗底才有点糌粑'的生活，每顿都能吃饱了。"索朗罗布激动地说。

无尽的黑暗岁月终于迎来了新生的曙光。

民主改革后，索朗罗布的父亲旺堆罗布因为有藏文书法功底，被工作队选为吞达村的藏文老师。而在民主改革前，作为一个"差巴"，这是根本不可能的事情。这也改变了索朗罗布的命运，1966年至1978年，索朗罗布在吞巴乡吞达村担任学校的民办教师；1978年至1990年，担任吞巴乡吞达村"两委"委员；1990年至1993年，在吞达村担任秘书。

1994年开始，索朗罗布开始务农。务农期间，他学会了制作藏香的技

艺。在尼木县着力打造"文香故里"特色文化品牌的东风下,索朗罗布注册了尼木藏香商标。得益于藏香协会的统一量化藏香制作标准、统一推广品牌,索朗罗布凭借自己精湛的藏香制作技艺,得到很多国内直供订单,每年制作藏香的收入超过2万元。

"小时候,我们家每年都要给农奴主缴纳沉重的赋税,日常的口粮是他们给牲畜吃的饲料,有时候甚至连饲料都吃不到,我们在旧社会的生活简直牛马都不如。"

"在旧西藏,作为最底层的农奴,我们住的都是阴暗潮湿的棚舍,冻死、病死那是常有的事儿。"

"虽然我的父母已经去世了,但中国共产党就是我的再生父母,正是有了党的关心关怀,我才有了今天幸福的生活。"

……

现在,索朗罗布老人用通俗易懂的语言,对新旧西藏作出对比,并将党的各项政策认真传达给群众,在他的宣讲带动下,当地农牧民群众对党和国家充满了感激,更加坚定了感党恩、听党话、跟党走的信心和决心。

索朗罗布通过老照片,向村委工作人员讲述民主改革前后西藏社会的变迁
(格桑伦珠 摄)

现在，吞巴乡群众都知道有这么一个热心肠的宣讲员。

索朗罗布拿出一摞获奖证书，教育孙子要"永远跟着共产党"

（格桑伦珠　摄）

（扫描二维码了解更多视频、图片内容。）

"我想看看祖国的新变化！"
——记翻身农奴、林芝市米林县扎绕乡多卡村尼玛旺久

张 猛 王 珊

身份背景

> 尼玛旺久，男，生于1949年10月，现年70岁。西藏民主改革前，尼玛旺久家没有土地，由于父亲早逝，全家仅靠爷爷在庄园主家干活维持生计。10岁之前，尼玛旺久每天都要为庄园主放牧，常常挨打挨骂，更不要说接受教育了。民主改革后，尼玛旺久家分到了土地、房屋、牦牛，尼玛旺久接受了教育，1972年开始担任村干部。如今，尼玛旺久一家住在宽敞的两层藏式楼房里，不愁吃不愁穿，生活幸福美满。

6月的林芝，温和而适意。伴着微风和毛毛细雨，记者走进尼玛旺久老人的家。

宽敞的院子简洁又干净，漂亮的两层藏式楼房，旁边停放着一辆越野车和一辆皮卡车，老人的两个重孙子正在院子里嬉戏打闹。这样的场景，让人无论如何都无法与60年前尼玛旺久一家人的悲惨生活联系在一起。

"民主改革前，我们家没有土地，所以一直是'堆穷'。从我出生时，全家就在村里的庄园主家干活，没有什么自由。"尼玛旺久回忆说。

"从早到晚的劳动，换来的就是每顿饭一碗野菜汤和一勺粗粮制成的糌粑。我当时年龄太小，分到的吃的更少，所以几乎每天都是饿着肚子醒来，饿着肚子睡去。"

"我家里没有房屋,全家挤在树枝和碎石头搭建的一间小屋里。说是房屋,其实条件还不如庄园主家的牛圈。"尼玛旺久气愤地说,"夏天下雨的时候,整个屋里全是水。冬天就更糟糕了,房子根本挡不住暴雪和大风,一夜过去,屋里屋外雪的厚度一样深。"

"我当时仅有一件破了十几个洞的旧衣服,白天当衣服,晚上当被子,每天都冷得发抖。"

"我5岁的时候,有一天父亲忽然发烧,但庄园主依旧让他去干重活,否则就要挨打,就这样耽误了治疗,不久后父亲便去世了。"说到这里,尼玛旺久的眼睛有些湿润。

尼玛旺久痛苦地说:"父亲去世后,家里丧失了最主要的劳动力,庄园主开始肆无忌惮地强迫我家缴各种税。我们全家经常因为延迟交税而被罚跪在庄园主家门前。"

1959年4月的一天,一队解放军进驻乡里。紧接着村里开始召开村民大会,宣布废除封建农奴制度,同时给各家各户分配土地和各类财产。这时,尼玛旺久一家才真正相信,原来封建农奴制度真的被废除了。

"我家分到了8亩地、4头牦牛。第二年,家里便能吃饱饭了,日子过得越来越好。"民主改革后,尼玛旺久和村里同龄的孩子都接受了教育。

1965年,尼玛旺久被推荐到拉萨师范学校学习,毕业后,心怀感恩之情的他选择回到家乡,成了一名村干部。

从1972年到2008年,尼玛旺久一直在村里工作。几十年来,他兢兢业业干工作,认认真真做好每一件事。

"是共产党让我有机会改变自己的命运,我要让大家和我一样过上好日子。"尼玛旺久在村里任职期间,多卡村村民的收入持续增加,生活越来越好。2017年,多卡村57户人家彻底脱贫,摘掉了贫穷的帽子。

2008年后,由于年龄的原因,尼玛旺久辞去了村党支部书记的职务。但是在乡亲们的强烈要求下,他担任了村监委会主任,继续为村民们服务。

现在,尼玛旺久一家四世同堂,住着新盖的房子,2018年家庭年收入超过15万元。70岁的尼玛旺久每天都要绕着村子走上几遍,遇到村民就和他们聊聊天。

"共产党给了我新生,让我过上了这样幸福的生活。我还要多活几年,去内地走一走,看看祖国的新变化!"尼玛旺久说。

尼玛旺久和老伴、孙女、重孙合影(张 猛 摄)

(扫描二维码了解更多视频、图片内容。)

"能为大家做点事，我过得有意义"

——记翻身农奴、那曲市巴青县玛如乡改加村吉折

陈浩正　谢　伟　张　宇　王晓莉　万　靖

> **身份背景**
>
> 吉折，男，生于1950年1月，现年69岁，那曲市巴青县玛如乡改加村人。西藏民主改革前，吉折家有11口人，9个兄弟姐妹，是世代隶属于巴青宗珠雪部落的"差巴"，常年遭受噶厦政府派来的藏兵和税务官的压榨盘剥，吃不饱、穿不暖。民主改革后，吉折家分到了一匹马和十几头牦牛，生活开始好转。如今，吉折和两个儿子住在宽敞明亮的藏式小院里，生活幸福美满。

2019年5月15日，记者一行来到色尼区那曲镇罗布热地居委会吉折家。

在敞亮的藏式小院里，吉折一边喝着酥油茶，一边讲述他的故事："60年前，能喝上一杯带点酥油味的茶，是最快乐的事。"吉折说，小时候，他常常会将牧主家倒掉的砖茶捡回去泡着喝。

说话间，吉折的大儿媳次仁吉宗走过来，又给他倒上了满满一杯酥油茶，一股浓浓的咸香味扑鼻而来。

在吉折童年的印象中，他家那个破烂不堪的帐篷经常会有藏兵"光顾"。

"他们是噶厦政府派到巴青宗的驻军，每次来村里，都要挨家挨户搜刮一遍。"吉折老人气愤地说，家里仅有的一点糌粑、人参果等都被抢劫一空。

"每当藏兵进来搜刮时，父母和哥哥姐姐们都会害怕地弓着腰快步跑

出去,默默地任由他们'扫荡',央求只会换来毒打。"

吉折回忆:"一次,大哥索朗才旺向藏兵乞求给家人留一点吃的,不料被藏兵一脚踹到地上,然后用枪托暴打了一顿。"看着哥哥挨打,年幼的吉折止不住地掉眼泪,却不敢哭出声来。

除了藏兵的强取豪夺,吉折家还面临着沉重的赋税。"噶厦政府的税务官会不定时来村里,他们不设置固定税种,看到牛肉就收牛肉税,看到羊就收羊毛税,看到酥油就收酥油税。"吉折说,要是谁家交不出税,税务官会让巴青宗府派兵过来,将那家人用绳子绑起来,吊在梁上,用鞭子抽打。

回忆起幼年时的所见所闻,老人至今仍心有余悸。为了改善生活,儿时的吉折还经常出门捡点牧主家扔掉的牛骨头,拿回来熬汤喝。"也会种点萝卜、挖点人参果充饥。"说着,老人将桌上的人参果指给我们看。

苦难的日子就这样一天天熬着,直到解放军的到来。吉折呷了一大口酥油茶,讲述过往岁月的热情高涨起来。

1959年,解放军经昌都来到巴青,一支队伍进驻吉折所在的玛如乡。

"他们亲切地喊我的父亲叫'阿爸',看到我们缺衣少食,他们就把自己背的白米留下给我们,把自己的衬衣脱下来给我们,把多余的帽子也送给我们……"吉折回忆说,"他们像亲人一样关心我们的生活。"

在解放军的带领下,广大农奴推翻了宗府的统治,吉折和其他农奴一样,获得了新生。

"每天出去放牧都很开心,因为不用担心自家的牛羊被抢走。"民主改革后,吉折家分到了1匹马和10多头牦牛。

由于吉折勤奋好学,又吃苦耐劳,他先后学会了木工活儿和制作藏式炉,并凭借自己精湛的手艺闻名乡里。

2009年,本可安度晚年的吉折不"安分"了——为了给孙辈们创造更好的学习环境,让他们接受良好的教育,吉折举家迁往色尼区罗布热地居委会。"以前思想观念比较落后,孩子们都没有机会读书,这是我一生的遗憾。"吉折说。如今,大孙女央措在拉萨北京中学就读,每次考试都名列前茅,这让他非常骄傲。

在罗布热地居委会党支部书记拉巴扎西眼里,吉折不仅是位能工巧匠,而且是个"热心肠"。

2017年,易地搬迁户达嘎6岁的女儿突发关节炎,需要一大笔治疗费用。吉折得知情况后,立即联系达嘎家乡所在村委会,并呼吁居委会委员和"双联户"户长捐款,同时自己也捐了500元。

因为吉折的热心肠,他获得了好口碑,被社区居民推选为居委会委员和"四讲四爱"宣讲员。在宣讲中,吉折总是结合自己的亲身经历,讲述新旧西藏对比和国家的惠民政策,让广大农牧民充分了解党的恩情,并引导广大农牧民群众依靠自己的双手创造幸福生活。

如今,吉折虽然赋闲在家,但只要社区里有重要事情,他都会第一时间出现。"有吉折老人在社区服务,是我们的福气。"提起吉折,居委会里人人称赞不已。

吉折老人近照(张 宇 摄)

(扫描二维码了解更多视频、图片内容。)

"历经岁月变迁 更加感念党恩"
——记翻身农奴、措勤县门东寺僧人曲桑

汪 纯

> **身份背景**
>
> 措勤县门东寺僧人曲桑,俗名次巴,男,生于1941年7月,出家前是阿里地区措勤县江让乡珠龙村人。西藏民主改革以前,曲桑全家共3口人,是措勤麦卡部落的"堆穷",经常吃不饱、穿不暖。通过民主改革,他家分到了40只羊、2头牛,从此告别了忍饥挨饿的日子,感受到社会主义制度的无比优越性。中国共产党奉行宗教信仰自由政策。1984年,曲桑在措勤县门东寺剃度为僧。

在阿里地区第一大湖扎日南木错湖畔,门东寺主殿向湖而立。大殿前,五星红旗迎风飘扬。

78岁的僧人曲桑几乎每天都会围绕寺庙走上几圈。在一处小山坡上,曲桑用手指着寺庙告诉记者,2014年,政府投资100万元修缮了寺庙主殿;2015年,水利部门投资36.7万元修建了水井;2016年,政府开始修建寺庙安居房……曲桑说,不但硬件条件改善了,门东寺僧人还享受到医疗保险、养老保险和最低生活保障等,大家的修行条件越来越好。

"党和政府的好政策为僧人学经、生活等方面创造了良好条件,消除了我们的后顾之忧,我们真切感受到党和政府的关怀与温暖。"曲桑说,自己在寺庙已经剃度修行了35年,如今宗教和睦、佛事和顺、寺庙和谐的大好局面都源自党的正确领导。曲桑曾听寺里的老僧人说,在旧西藏,虽

然寺庙上层僧侣是三大领主之一,但是寺庙下层的僧人却是被剥削的对象,他们生活的悲惨程度和农奴相差无几,其中大部分就是农奴后代。为了生存,他们不得已才到寺庙剃度为僧,每天承担着为寺里挑水、捡牛粪、烧水等繁重体力劳动,加之僧舍破旧、灯油稀缺,学习条件也有限,学习时间非常少。

民主改革前,曲桑和父母共3口人都是措勤麦卡部落的"堆穷",家里没有一头牲畜。父母为了生存,到处乞讨,受尽欺凌。曲桑从记事时起,便被送到部落头人家里放牧、剪羊毛。"上午吃了饭,下午肯定就没得吃了。"在曲桑的记忆里,他没有哪一天能填饱肚子。

曲桑清楚地记得,通过民主改革,他家分到了40只羊、2头牛,从此告别了忍饥挨饿的日子,生活逐渐好转。他深刻感受到社会主义制度的无比优越性。

改革开放以后,曲桑说,他充分享受到党的宗教信仰自由政策,在门东寺出家为僧,在党和政府的关怀下,享受到西藏和谐、稳定、发展的成果。

"我的人生经历充分表明,没有共产党,就没有社会主义新西藏,就没有西藏各族人民的幸福生活。我们都应该珍惜当下,回报党的恩情。"曲桑说。

2018年以来,门东寺管理委员会开展了学习贯彻《中华人民共和国宪法》《宗教事务条例》活动、"四讲四爱"群众教育实践活动、"践行四条标准、争做先进僧尼"教育实践活动。曲桑积极参与到各项活动中,经常在寺庙书屋研读党的各项政策法规,学习历史文化知识。"虽然各个教派教义有所差异,但是'爱国爱

曲桑近照(汪 纯 摄)

教、遵规守法、弃恶扬善、崇尚和谐、祈求和平'是各个教派教义中的应有之义。"曲桑说,身为一名僧人,他要更加清楚地认识到自己必须履行的公民义务、需要承担的社会责任、应该肩负的使命,要带头爱国爱教,在遵守国家法律的前提下开展佛事活动,启迪和引导后辈僧人不断学习、走正道,坚决拥护中国共产党的领导、拥护社会主义制度、拥护民族区域自治制度,坚决维护祖国统一和民族团结,坚决同达赖集团和一切分裂渗透破坏活动作斗争,争做新时代的好公民和受人尊重的宗教人士。

曲桑说,历经岁月变迁,他更加感念党的恩情,作为一名僧人,他将会继续潜心修行、精进学识,以学服众、以德化人,对教义教规作出符合社会发展、时代进步的阐释,把信教群众的智慧和力量引导到发展生产、发展教育、勤劳致富、提高生活水平上来,以及感党恩、听党话、跟党走的正确道路上来,积极促进宗教与社会主义社会相适应。

曲桑积极学习相关法律法规政策知识(汪 纯 摄)

(扫描二维码了解更多视频、图片内容。)

离岗不离党　退休不褪色
——记翻身农奴、札达县退休老干部洛桑

汪　纯

身份背景

洛桑，男，1944年8月出生于阿里地区札达县萨让乡白嘎村。西藏民主改革前，全家5口人都是萨让如本的"差巴"，生活困苦，没有人身自由。

1959年，洛桑翻身做主人，积极感党恩、听党话、跟党走，支持民主改革各项工作的开展，成为"民主改革积极分子"。1973年，洛桑加入中国共产党，先后担任白嘎村互助组组长、萨让区公安特派员、札达县公安局局长、札达县人大常委会主任、札达县委常委、札达县政协主席等职务。2005年8月退休后，洛桑仍然积极参加札达县各项活动。

民主改革前，洛桑一家每年要承担无穷无尽的差役和税负。哥哥彭措5岁时被"赠送"给江孜县的领主家当佣人，家里更加缺少劳力。

洛桑从11岁开始便被送到领主那里放牧。"放牧基本上是在夏天，每天只能得到2勺糌粑，根本吃不饱，只能靠挖野菜充饥。"洛桑说，到了冬天，齐腰深的大雪封了山，什么吃的都没了，村里一些人将木头做成雪橇，冒着生命危险逃出去乞讨。

"听说有一次发生雪崩，其他村15个出去乞讨的人死了13个。村里人听说这事后，不愿意带我去乞讨了，因为那时我年纪太小，我阿妈求了好久，他们才带我出去。"回忆起当年的事，老人没有控制住情绪，哽咽

道,"出去可能会有危险,但是不出去一家人就会活活饿死。"

洛桑回忆道,民主改革后,他们家分到了1匹马、3头牛、17只羊,随后又分到了12亩地。尤其让洛桑记忆犹新的是解放军钢铁般的纪律和无私奉献的精神。"解放军来的时候,没有拿老百姓一针一线,也不破坏任何东西,还给大家分了很多东西。后来我才知道,解放军执行的是'三大纪律八项注意'。"洛桑说,"这支队伍给我的触动太大了,那时候我心里就暗暗发誓,一定要跟着他们走。"

此后,洛桑积极帮助解放军工作组开展民主改革各项工作,成为"民主改革积极分子",并担任了村里生产互助组的组长、生产队队长,带领村民们积极响应党的号召,改进耕作方法,大大提高了生产效率。

1973年,洛桑开始了他长达22年的公安生涯:他经常背着糌粑袋子,挎着军用水壶,骑马翻山越岭实地调查研究,用脚步丈量了札达县行政区域的几乎每一寸土地。因为工作出色,他荣获了公安部三等功奖章。1995年,洛桑因身体原因离开了公安战线。先后任札达县人大常委会主任、札达县委常委、札达县政协主席。

洛桑自我要求非常严格,不但在工作、生活中清正廉洁,还厉行节俭。他每次出差回县里,都尽量找朋友搭便车,避免因县上派车接送而增加财政支出。2003年,身体状况不佳的洛桑终于趁在北京学习的机会,到医院进行了一次全面检查,尽管被诊断出患有肝病、肺病、白内障等疾病,但他却毅然拒绝了医生安排的住院治疗。面对医生的不解,洛桑平静地说:"住院治疗的费用太高,又要耽误很长时间,我还有好多事情要做。"就这样,洛桑仅仅让医生开了一些药,便踏上了回县里的路……

回忆起这段往事,洛桑笑着说:"党的政策是一年比一年好啊!现在,县里面医疗条件大大改善了,报销比例也高,我的病不出县城就治好了,现在身体好得很!"

60年间,洛桑亲眼见证了中国共产党怎样全心全意为人民服务的。从翻身做主人那一刻起,他就把"为人民服务"作为自己的人生信条。直至今日,75岁的洛桑老人仍然"离岗不离党,退休不褪色",四处奔波忙碌,用行动诠释着自己的信念。他无偿献出自己家在县城种的地,并争取援藏资金,建起了札达县退休干部活动中心,积极组织退休党员干部开展各项活动。洛桑还参与了札达县纪念西藏民主改革60周年演讲比赛、"四讲四爱"群众教育实践活动宣讲、"五下乡"活动宣讲等。

"是党救了农奴、发展了西藏、培养了我,只要我还有一口气在,我都要尽力回报党的恩情,带领大家感党恩、听党话、跟党走。"洛桑说。

洛桑正在打理树苗（汪　纯　摄）

（扫描二维码了解更多视频、图片内容。）

"是共产党给了我想要的生活"
——记翻身农奴、日喀则市桑珠孜区江当村村民平措

楚武干

身份背景

平措,男,1938年生,日喀则市桑珠孜区江当乡江当村人。西藏民主改革以前,平措一家世代为奴,当时,父母在白朗做"差巴",平措在江当村的江当庄园做"差巴",有干不完的活,饱受欺压。民主改革后,平措彻底摆脱了剥削压迫,获得了自由,开始了新生,在中国共产党的带领下,过上了他想要的生活。

自由之于人,如光明之于眼睛,空气之于肺腑。对年少时的平措而言,这种需求更加迫切。

"当时,你最大的愿望是什么?"记者问。

"是自由,离开庄园,摆脱农奴主的控制,自己做主,过自由的日子。"平措不假思索,脱口而答。

然而,在黑暗的封建农奴制度下,"三大领主"对农奴的人身控制和奴役极其残暴,农奴只能被束缚在所属领主的庄园内劳动,毫无自由可言。

农奴想要获得自由,无异于"天方夜谭"。

"每天种地、牧羊,还要给庄园干杂役,活多得做不完,稍微干不好或者干得慢了,就会被打。一次,我生病了,活干得慢了点,庄园主认为生病是借口,用皮鞭狠狠抽打了我一顿。直到现在,我屁股上还有伤痕。"回忆起60年前的悲惨经历,平措眼睛湿润了。

平措还告诉记者,有一次,他和庄园主一起到日喀则办事,庄园主骑的是良马,他骑的是劣马,劣马跑得慢跟不上,庄园主不打马,反而把他狠狠打了一顿。

命如草芥,这是封建农奴制度下广大农奴命运的真实写照。

"那个时候,吃饱、穿暖、休息,这些最基本的东西都保障不了,别说自由了,那是根本不可能的事。"在平措看来,自由对于农奴是一种奢侈。

历史潮流滚滚向前。1959年,民主改革将封建农奴制度彻底瓦解,百万农奴翻身得解放,许多"不可能"变为"可能"。

在这场民主改革的洗礼下,平措第一次尝到了自由的滋味。

"1959年,解放军的王队长来到我们村,告诉我们苦日子到头了,以后可以自由生活了。我期待的自由正是从那时开始的。"平措激动地说。

他再也不畏惧庄园主的淫威,平生首次自由活动。

他再也不用替庄园主做苦役,平生首次自由憩息。

他再也不用担惊受怕的生活,平生首次自由选择。

"民主改革后,我决定加入解放军,这是我人生第一次为自己选择,替自己做主。"平措说。

平措老人向记者讲述在党的领导下,自己生活发生的巨大变化(楚武干 摄)

当兵的岁月让平措迅速成长。退伍后,平措回到家乡,专心务农。

自由的力量是巨大的。种自己的地,享受自己的劳动果实,蕴藏在平措身上的积极性被极大释放出来,"以前给庄园主种地,现在给自己种,热情更高了。"平措说。

岁月如梭,日新月异。

"以前,村里的路坑坑洼洼,现在水泥路四通八达,水、电、网样样都通;以前,病死饿死冻死根本没人管,现在,我们病了有医保、上学有补贴、住房有保障,生活踏实又幸福。"谈起变化,平措有说不完的话。

平措老人告诉记者,他家现在有10口人,子孙们有的做木匠,有的做裁缝,有的开货车,全家一年收入10多万元,早已摆脱贫困,开始向小康生活迈进。"要是在过去,老一辈是农奴,子子孙孙还是农奴,哪有现在这么自由,是共产党给了我想要的生活。"平措如是说。

平措老人感怀党的恩情,对国家给予自己的关心照顾充满感激之情

(楚武干 摄)

(扫描二维码了解更多视频、图片内容。)

听嬷啦讲那过去的事情
——记翻身农奴、拉萨市达孜区德庆镇白纳村赤列

王 莉　黄志武　林 敏　孙开远

身份背景

赤列，女，生于1935年，拉萨市达孜区德庆镇白纳村人。民主改革前，赤列与父母、妹妹全家4口人，是白纳谿卡的"堆穷"。西藏民主改革前，白纳谿卡隶属于甘丹寺的德庆宗管辖。德庆宗下辖两个谿卡，分别是白纳和卡若，并由甘丹寺的夏孜和强孜两大扎仓各选一名长于世俗事务的僧人管理，被称为"谿堆"。民主改革后，赤列翻身做了主人，开始了新的生活。如今，赤列老阿妈有着一个四世同堂的大家庭，正迈步走在幸福的小康路上。

9岁那年，阿妈去世。

19岁那年，阿爸又撒手人寰。

赤列老阿妈的青少年时代是不幸的。与周围许多老人一样，她的人生开始于一段苦难的历程。与父辈相比，她又是幸运的。原本生来注定的不幸人生，又因一件大事被改变。

1959年，民主改革犹如春风，融化千年坚冰，结束苦难，开启美好生活。

幸福歌声回响60年。达孜区德庆镇白纳村的赤列老阿妈早已活过她父母二人年岁累加的时光。9位子女，儿孙满堂。

4月，清明。高原上，天地间，视野豁然开朗。当荒芜开始变得繁盛时，生命的成长与顽强，便尽现眼前。

春光照在整洁的农家院。孙辈们围坐在年过耄耋的嬷啦（奶奶）身旁，听她讲那过去的事情……

赤列老阿妈与小女儿、孙女在一起（孙开远　摄）

1959年之前，老阿妈一家4口都是白纳豁卡的"堆穷"。他们一家终日都在庄园主的水磨坊里劳作，每天的报酬，是仅够糊口的糌粑。即使如此，水磨坊的工作，也是农奴们眼馋的"美差"。

在那个年代，闻一闻糌粑香，都是件令人向往的事。

为了得到这个"美差"，赤列家必须租种庄园8亩地，一年要缴租粮40藏克（合560公斤）。但在那个青稞产量极低的年代，辛苦一年才能收获30多藏克。

租粮年年缴，年年欠。赤列的阿爸阿妈年年围着水磨，转呀转。

也许是粉尘损害了健康，也许是别的什么原因，赤列9岁时，阿妈病了。缺医少药的年代，看病很贵。农奴们若是生了病，只能硬扛。阿妈没扛过去。

10年后,阿爸又病了。阿爸离开后,水磨坊的工作被别人接替。19岁的赤列和妹妹从水磨坊旁那间有两根柱子的"豪宅"搬了出来,为波绒岗(白纳沟一个小地方)的一个小贵族家做家务。

春天和夏天,赤列和妹妹在山上砍柴换吃的。秋天和冬天,她和妹妹做家务。白纳谿卡的"谿堆"规定,姐妹俩每年有6天乌拉差役。除此之外,夏天还有两天修河堤的差役。在举行佛事活动和新年时,还得从山上背两捆柏树枝,以供煨桑(用松柏枝焚起的烟雾)之用。

朝不保夕的日子过了5年。有一天,从山沟外来了一些人,把大家叫到一起,说解放了。

据《达孜县志》记载:1959年7月25日,达孜县组织百余人的"三反双减"宣传队,到公路沿线各谿卡宣传西藏自治区筹委会的民主改革政策,开展"三反双减"运动。

60年过去了,老阿妈至今还能记得"三反双减"内容。

那年年底,达孜县开展了土地改革运动。参加叛乱的农奴主的土地被没收,没有参加叛乱的农奴主的土地,被政府以赎买的方式收回后,再分给广大翻身农奴。

民主改革之后,赤列从旧社会的农奴,变成新社会的主人。她和妹妹分到了8亩地,并先后成了家。

赤列老阿妈的9个子女中,出了一位人民教师,其余人都生活在白纳。

"你们贡觉次仁叔叔的字写得很好,不想上学,却喜欢文艺。去年,他从塔杰乡小学退休了。"提到大儿子,老阿妈的语气中透着自豪。

到了正午,老阿妈的小女儿仓木拉大步走进院子。她只穿了件长袖T恤,却仍热得脸儿通红。原来,她刚参加完植树劳动,回家来做午饭。

村里组织的植树活动,是政府正在实施的白纳沟生态恢复工程的一部分。

白纳是西藏民间传说人物阿古顿巴的出生地。依托拉萨市休闲度假基地、优质草莓采摘基地和铸铜佛像民族手工艺基地,这里正在打造以阿古顿巴旅游景点为核心的景区。项目建成后,将有效激活各种要素,为白纳村群众提供更多的就业岗位,铺就一条脱贫致富的康庄大道。

"现在我们的环境越来越美,日子越过越好",谈起未来的生活,赤列老阿妈满脸笑容。

赤列老人在浇花(孙开远 摄)

(扫描二维码了解更多视频、图片内容。)

"把好日子过下去！"

——记翻身农奴、拉萨市尼木县续迈乡河东村阿旺格桑

裴 聪　格桑伦珠　鹿丽娟

身份背景

阿旺格桑，男，生于1945年12月，拉萨市尼木县续迈乡河东村村民。西藏民主改革以前，阿旺格桑和父母都是尼木德巴俊巴仓农奴主家的奴隶。民主改革后，阿旺格桑和母亲重获人身自由，开启了崭新的生活。"四讲四爱"群众教育实践活动开展以来，阿旺格桑带领河东村二组建档立卡贫困户，深入贯彻落实党的各项方针政策，扎实组织开展各项活动，争当"四讲四爱"优秀脱贫户，受到全村干部群众的好评。

"毛主席的光辉，嘎啦呀西喏喏，照到了雪山上，依啦强巴喏喏……"在尼木县续迈乡河东村阿旺格桑老人家的小院里，74岁的老人歌声嘹亮、神采飞扬。

"现在我们老百姓的生活如此幸福多彩，叫我怎能不歌唱！"老人说自己爱唱歌，而且最爱唱红歌，因为这最能表达自己的心声。

因为喜欢唱红色歌曲，又经历过万恶的旧西藏，阿旺格桑被选为尼木县"四讲四爱"群众教育实践活动宣讲员。因表现突出，他还在尼木县"四讲四爱""回头讲"培训会暨农牧民宣讲员大比武活动中荣获一等奖。

"老百姓都喜欢听阿旺格桑老人讲故事和唱歌，看他边唱边跳，非常有感染力。"同行的尼木县委宣传部工作人员说。

"西藏民主改革以前,我的父母都是尼木德巴俊巴仓农奴主家的奴隶。在我3岁的时候,父亲因为受不了农奴主的压迫而逃走,从此不知所踪。"老人说,民主改革后,他想尽一切办法寻找自己的父亲,但终究未果,这也成了他一直以来的遗憾。

"母亲整日要伺候农奴主,就连他们睡觉的时候都必须站在门外,随时听从命令,常常站得脚后跟都裂开了。"阿旺格桑说,母亲整天繁忙劳作,根本无暇顾及年幼的他。

3岁的阿旺格桑因为骡子所踢,导致左眼残疾。毫无人性的农奴主不但没有怜悯之心,反而谩骂阿旺格桑母子耽误劳作。从那时候起,阿旺格桑就只能用一只眼睛看眼前的一切,身体也不是很好。

民主改革后,阿旺格桑一家分到了房子、田地、马、牛和羊,他们第一次拥有了自己的财产,最重要的是得到了自由。

"民主改革后,党和政府给我们带来了光明和温暖,我们的劳动果实终于归自己所有,不用再遭受沉重的差税和剥削,生活发生了翻天覆地的变化。现在的生活一天比一天好,这在旧西藏是想都不敢想的。"阿旺格桑说,民主改革后他享受到受教育的权利,后来还当过村里的会计。

阿旺格桑老人和家人合影(格桑伦珠 摄)

"把好日子过下去！"

阿旺格桑老人在村委会广场上锻炼身体（格桑伦珠 摄）

  阿旺格桑还曾参加过安岗村（当时称安岗区）毛泽东思想宣传队，他在宣传队担任领队，创作词曲，制作道具，唢呐、二胡等乐器演奏样样精通。直到现在，《毛主席的光辉》《洗衣歌》等在当时脍炙人口的歌曲，老人仍然可以完整地唱出来。

  如今，阿旺格桑夫妇与女儿、女婿、两个外孙生活在一起，一家人其乐融融。

  "看看今天的幸福生活，再想想旧西藏的苦日子，让人感慨万分：共产党来了，生活由苦变甜啊。现在村里不少人都买了小轿车，房子盖得比那时候农奴主的庄园还漂亮，这一切都是党和政府给我们的。"阿旺格桑老人乐呵呵地说道，"再看看我们家，安居工程补贴、生态岗位补贴每年有3500元。今年过年，我花5000多元给家里添置了两张桌子，还给全家人每人买了一套新衣服。"

  "是呀，再看看仓库里堆满了肉和粮食，现如今，我们的生活丰衣足食，无忧无虑。"女儿白央在一旁补充说。

  "毛主席的光辉，嘎啦呀西喏喏，照到了雪山上，依啦强巴喏喏。

啊……啊……啊……"阿旺格桑老人又唱起了自己最喜欢的歌。他满脸笑容地说:"如今,生活好了,心情美了,我们要倍加珍惜今天来之不易的幸福生活,把好日子过得更好!"

尼木县宣传部工作人员和阿旺格桑老人展示他的获奖证书(格桑伦珠 摄)

(扫描二维码了解更多视频、图片内容。)

"过去债摞债,现在补贴多!"
——记翻身农奴、山南市贡嘎县东拉乡芝龙村次仁旺久

段 敏 刘 枫 马 静 巴桑旺姆

身份背景

次仁旺久,生于1931年6月,现住山南市贡嘎县东拉乡芝龙村。西藏民主改革前,次仁旺久一家3口是芝龙谿卡的农奴,不仅要承担繁重的差役,到处举债交税,还要偿还父辈甚至祖辈欠下的债,债摞债,生活苦不堪言。

民主改革后,次仁旺久一家分到了6块地、25只羊、2头牦牛。20世纪60年代以后,次仁旺久家先后4次翻修和扩建了房屋;2006年,他获得政府1.5万元补助,建起了安居房。现在他的3个子女均已成家,一家人的日子过得幸福美满。

沿省道101线朝浪卡子县方向前行,从曲德寺路口一路盘山而上,翻过5000米的垭口,便到达海拔4458米的贡嘎县东拉乡芝龙村。

"过去农奴主的管家对我们看管得可严了。"次仁旺久告诉记者,民主改革以前,芝龙村叫芝龙谿卡,有12户"差巴",其中9户种地、3户放牧,属吉纳谿卡管辖。

"管家主要负责分派'差巴'搞农牧业生产及收税。"说起旧西藏的税,次仁旺久气不打一处来,他说:"过去的税可多了,即使你没有养羊,也要交3卷氆氇、2只羊腿、2.5公斤酥油,没有,就换成粮食交。稍有不从,他们就会从吉纳谿卡叫人来对你进行惩罚。"

次仁旺久说:"惩罚可重了,鞭打是轻的,重的会被戴上手铐和脚镣关

起来。"不想挨打,就得老老实实交税。为了交税,次仁旺久欠了一屁股债。他25岁成为芝龙谿卡的"差巴",租种8块土地,一年收30多藏克(1藏克约为14公斤)青稞,交完税后只剩五六藏克。

"本来,按规定收成交一半就行了,但父辈、祖辈欠下的债也得由我来还。"说起还债,次仁旺久一肚子的苦水,"哪是债啊,利滚利简直是无底洞。"

次仁旺久说:"五六藏克粮食根本不够吃,秋收后不久就吃完了。春耕时只能到处借种子,欠下更多的债。"

后来,次仁旺久偷偷当出去了两块土地,但还是没有还清债。他告诉记者,民主改革以前,他一共欠债50多藏克粮食、10多个藏银。

次仁旺久说:"吃不饱,穿的就更不行了。衣服是补丁摞补丁,几年下来,衣服重了一倍。"

"住的也很差。"次仁旺久说,"虽然从父辈那继承了5间土坯房,但低矮、漏风,比牛羊圈好不到哪去。"

最令次仁旺久气愤的是,有苦有怨还不能说。"你只要稍微抱怨几句就会招来他们的毒打,听说有人还被他们割了舌头。"他说,"就是这么苦,也不敢跑,更不知道往哪里跑。"

次仁旺久在介绍政府发放的各类补贴(段 敏 摄)

次仁旺久（中）在给小儿子拉杰两口子讲述新旧西藏的变化（段 敏 摄）

好在次仁旺久等来了民主改革。他告诉记者,民主改革时,他家分到了6块地、25只羊、2头牦牛。

"分的地就是我之前种的那6块。"次仁旺久高兴地对记者说。不过,最令他高兴的是,之前欠下的债再也不用还了。为此,他连着几个晚上都高兴得睡不着觉。

有了属于自己的土地,次仁旺久种地的积极性可高了,粮食产量大幅提高。由于积极肯干,他被民主改革工作组推荐担任村民小组长,并于1962年光荣加入了中国共产党。

2001年,洪水冲毁了次仁旺久家的房子,但他们并没有无家可归。"村里安排我们住在村委会,衣食都有着落。"次仁旺久告诉记者,"2006年政府补助1.5万元,帮家里建起了安居房。"

"虽然房子和过去一样都是5间,但却发生了大变化,新房子采光好,住得舒服。"最令次仁旺久满意的是,安居房里有了"暖房"。

次仁旺久所说的"暖房",是屋顶为有机玻璃的房子,这种房子采光特别好,冬天在里面特别保暖。

初春,记者来到次仁旺久家时,外面下着小雨,天气寒冷;室内却温暖如春,花草青翠。次仁旺久告诉记者,花是女儿种的,虽然女儿已经去世,但看到这些花,他就仿佛看到了女儿。闲暇时他会给花浇浇水、施施肥。

次仁旺久平常就喜欢侍弄花花草草(段　敏　摄)

"现在生活好啊,种地有'粮补',在草原生活有'草补',此外还有寿星补贴、'三老'补贴等各种补贴。"次仁旺久细算了一下,自己一年能领到各类补贴,共计2223元,这令他很是感慨,他说:"过去是还不完的债,现在是年纪大了还能领到这么多补贴,你说现在的日子好不好?"

虽然已是耄耋之年,但次仁旺久并没有闲着。"四讲四爱"群众教育实践活动开展后,他经常给群众讲今天幸福生活的来之不易,教育乡亲们感党恩、听党话、跟党走。

(扫描二维码了解更多视频、图片内容。)

"好日子都是党给的！"
——记翻身农奴、昌都市洛隆县硕督镇硕督村多吉平措

桑邓旺姆

> **身份背景**
>
> 多吉平措，男，生于1945年5月，昌都市洛隆县硕督镇硕督村村民。西藏民主改革前，多吉平措所在的硕督村由督德巴家族掌管，多吉平措一家4口都是农奴，除了要干繁重的农活，还要上缴各种赋税，受尽了残酷的剥削。
>
> 民主改革后，多吉平措一家迎来了新生，分到了房子、土地、牲畜、衣食等，生活越来越富足。

日许河和达翁河交汇在洛隆县硕督镇硕督村，河边的山坡上便是西藏有名的"清代汉墓群"。60年前，这里的人们过着我们现在难以想象的苦日子，多吉平措老人便是最好的见证人。

走进多吉平措家中，宽敞明亮的客厅，领袖像居中悬挂，窗户边上摆满了花盆，每一株都挂满了含苞待放的花骨朵。

今年74岁的多吉平措老人身体很硬朗，平日里喜欢在村子中到处走走、晒晒太阳，他还乐于帮助别人，村民们都很喜欢他。

当回顾60年前的岁月，多吉平措皱起眉头。

多吉平措说，当时，除父母之外，他还有一个年幼的妹妹。自记事起，他便一直干着繁重的农活，日复一日，年复一年，"那时候我见过几个人干不动活想休息一下，结果被农奴主发现，便拿着长鞭使劲抽打他们，直到打不动为止，所以那时我不管多累都不敢动休息的念头。"

亲眼见过农奴主的残暴,让多吉平措幼小的心灵蒙上了一层阴霾,其他的农奴也怕遭受皮鞭之苦,对农奴主都是敢怒不敢言。

"那时候的生活很苦,衣不蔽体、食不果腹,有时候死了一个人,很多农奴都去争抢死者的衣物。"多吉平措边说边摇了摇头,眼神中流露出一丝伤感。

农奴主会把母羊借给农奴,但不是免费的,母羊在没有被要回去之前,农奴们每年必须上缴50斤粮食。如果中途母羊死了,农奴主便会以此为借口要求农奴上缴更多的粮食。当时多吉平措家中没有足够的粮食可交,农奴主便"好心"地改成上交酥油,但这对多吉平措家来说,却又是另一件不可能完成的事情。

"怎么可能有能力交那些税啊,我们自己每天都吃不饱、穿不暖。"

1959年民主改革的时候,农奴主为了吓唬农奴,编造出一些诸如"解放军会把孩子放进蒸笼里蒸"之类的谣言,以达到洗脑的目的。

但解放军来时,多吉平措帮忙带路还得到了报酬,"带路会给两元,在当时可以买很多东西。第一次因为干活而得到报酬,这让我很兴奋。"

民主改革后,多吉平措一家4口分到了12亩地、2间屋子、1匹骡子和1头牛,还有各种粮食和种子等生产资料。所有农奴都受宠若惊,不敢相信这是真的。

在党和国家的好政策下,1982年,多吉平措向银行贷款做起了小生意,收益可观,生活条件越来越好。他也尽自己所能帮助村民,左邻右舍

多吉平措老人在浇花(桑邓旺姆 摄)

多吉平措老人在生火(桑邓旺姆 摄)

都很敬重他,"我现在的好日子都是共产党给的,跟随党的脚步是我一生要做的事情,如果尽我的微薄之力能够帮助到乡亲们,我会很开心!"

如今,多吉平措老人与弟弟、妹妹、3个侄子、1个侄媳妇一家7口生活在一起,家庭和谐,生活富足。

多吉平措老人(右)与好友安地嘎玛在宽敞的客厅里聊天(桑邓旺姆 摄)

(扫描二维码了解更多视频、图片内容。)

"我打心底里感谢党的恩情"
——记翻身农奴、边坝县叶嘎村村民其美仁增

桑邓旺姆

身份背景

其美仁增,男,生于1937年9月,昌都市边坝县尼木乡叶嘎村麻中组村民。

西藏民主改革前,其美仁增和父亲、弟弟、妹妹都是叶嘎村农奴,受尽了剥削。其美仁增22岁那年,解放军来到了叶嘎村,帮助他们从农奴主手中夺回了生产资料,将房屋、牲畜等按人口平均分配,为叶嘎村的村民带来了新的希望。如今,其美仁增住着两层藏式房屋,晚年生活惬意幸福。

走进边坝县叶嘎村麻中组,一排排藏式房屋整齐地伫立。其美仁增老人惬意地在干净优美的村子里散步,偶尔与左邻右舍唠唠嗑、晒晒太阳,生活得安逸幸福。

与其美仁增谈起民主改革以前的事,老人显得有些气愤,他回忆道:"我一出生便是农奴,母亲在我很小的时候就去世了,只剩下父亲和我们兄妹3人。但是父亲身体不好,我们兄妹须要将农奴主给的饭分出一部分给他吃。农奴主很坏,动不动就拿鞭子抽打我们,我们身上是青一块紫一块的。"

当时其美仁增是在葛布热家族干农活的农奴,不同于放牧、端茶倒水的农奴,干农活的农奴具有时间性,不用耕地的时候,农奴主便会把他们赶走。因此,其美仁增为了填饱肚子,在农闲时期经常辗转于各大农奴主

之间,干着繁重又辛苦的活计。

"当时噶厦政府每年都会从拉萨派五六个藏军来这里收差,如果收不齐,便会将不听话的农奴四五个一组抓起来,用牛皮鞭抽打,打到血肉模糊。顶嘴的农奴会被'巴掌'(将牛皮剪成手掌大小,在上面钉上许多钉子)打脸,一'巴掌'下去,整张脸都在流血。"其美仁增摇了摇头,不忍心继续说下去。

其美仁增18岁时,噶厦政府为了对抗解放军,专门派了300名藏军,佩带长刀赶赴叶嘎村,强迫16岁以上60岁以下的农奴参军,跟着藏军一起巡逻,查看解放军是否到来。"有的农奴不愿意去,藏军就会将长刀架在农奴的脖子上,要挟他们听从指挥。"

其美仁增22岁那年,解放军不畏艰难险阻,克服种种困难,终于来到叶嘎村,剿灭了反动组织,将压迫农奴的农奴主统统抓了起来,烧掉地契、税契,统计好农奴人口,按人头平均分配了生产生活资料。

"那一年我们一家4口分到了6头牛和一些衣食,后来又分到了10亩地,我终于能在属于自己的土地上务农了,也终于吃上了亲手种的粮食。"

其美仁增老人在自家二楼宽敞明亮的客厅里看电视(桑邓旺姆 摄)

晒着午后的暖阳，其美仁增老人最喜欢和好友聊聊天（桑邓旺姆 摄）

其美仁增对解放军充满了感激。

民主改革后，其美仁增先后当上了村民委员会委员、生产队队长，之后的几年他一直在尼木乡工作，他工作认真负责，"历经苦难，更懂感恩。因为我深知，将我们救出水火的是解放军、是共产党，我一辈子铭记他们的恩情。"其美仁增坚定地说。

2006年，其美仁增享受到国家安居工程的5000元补贴，在原有的基础上重新装修了房子。几年前，女婿旺堆购买了一辆小汽车，往返于边坝县和拉萨市跑运输，女儿白玛是护林员，每年有3500元的收入，其美仁增则享受着80岁老人一年300元的补贴，整个家庭通过八大岗位和外出打工等，一年有七八万元的收入。

生活在这片历经新旧西藏的土地上，回顾往事，展望未来，其美仁增老人非常开心，他说："我打心底里感谢党的恩情。"

（扫描二维码了解更多视频、图片内容。）

"解放后才过上好日子"
——记翻身农奴、嘉黎县斯定咔村村民旺扎

谢伟 万靖 王晓莉 张宇

> **身份背景**
>
> 旺扎,生于1945年1月,那曲市嘉黎县阿扎镇斯定咔村村民。西藏民主改革前,旺扎一家6口是阿扎寺活佛的"差巴"。为了生存,他们向活佛租用牦牛,但每年要上缴大量的酥油和肉等贡品,全家仅能维持基本的生存。
>
> 民主改革后,旺扎第一次有了自己的私有财产,随后又加入了扫盲班,学习藏语和珠算。后来,他成为一名国家干部,直到2008年退休。现在,旺扎家里出了7个大学生,一家人过着幸福的生活。

7月的嘉黎阳光明媚,芳草连天。

记者一行来到那曲市嘉黎县阿扎镇斯定咔村74岁的旺扎老人家中。伴着飘散的牛乳芳香,旺扎老人忆起了过往。

"那时候,我们的生计全掌握在阿扎活佛的手里,我是家里最小的孩子,因要上缴各类贡品,我8岁起就开始和家人一起帮活佛干活。"

旺扎家里没有牲畜,住的是牛毛毡编织的黑帐篷。为了能喝上一口酥油茶,他们向活佛租了50头牦牛。"每年都要交酥油抵扣租金,一头大的牦牛需要上缴20斤,小的需要上缴8斤。"在当时,旺扎并不知道上缴的酥油换算成今天的计重量是多少,"每年上缴的酥油几乎是全家制作的酥油的总量,自家则所剩无几。"

即使这样,旺扎一家还是坚持过着这种日子,他说:"不租牦牛,不为活佛干活,我们就只能饿死,我们只有不停地劳作以获取充饥的口粮。"

年复一年,阿扎活佛收租金的标准越来越高。12岁那年,旺扎一家因上缴的贡品没有达到要求,租的牦牛被全部收回。旺扎一家只能从寺庙一个喇嘛手里租用牦牛,但是牦牛数量极少,根本不够一家人填肚子。"我们只能在青稞收获的时节,一家人走30多公里的路,去达孜寺附近的青稞地里,偷偷捡拾别人遗落在地上的青稞粒,拿回家充饥。"回忆起那段苦难的日子,老人几度哽咽。

后来,解放军来了。

"民主改革给了我新生,我再也不是农奴,再也不用上缴贡品,再也不用担心会饿死了。"旺扎一家分到了15头牛,从此,真正成为自己的主人。

"我每天都围着15头牛转,怕一不小心它们就不见了。"旺扎觉得当时就像做梦一样。

之后,旺扎加入了扫盲班,学习藏文和珠算。改革开放后,阿扎先后

旺扎(右)和妻子笛笛在一起(万 靖 摄)

当了乡里的秘书、乡党支部副书记和乡长。其间,他还光荣地加入了中国共产党。

"多亏了共产党让我们获得新生,解放后才过上好日子,在国家各项惠民政策下,我们的生活越来越好。我担任干部,就是想在工作中去践行一名共产党员'为人民服务'的宗旨,把党和国家的温暖传递给大家,让大家过上幸福的生活。"说起今天的幸福,旺扎言语里满是喜悦。

"如今,全国上下正如火如荼地开展脱贫攻坚工作,不断改善群众的住房条件、医疗条件、教育条件……"旺扎老人总是将国家的好政策挂在嘴边,"在国家'三包'免费教育政策的帮助下,孩子们才能安心上学,接受良好的教育,找到好工作。以后的生活肯定会更加美好!"旺扎的晚年生活丰富多彩,家里出了7个大学生,他最小的儿子现在是昌都市的公务员。

(扫描二维码了解更多视频、图片内容。)

"共产党给了我新生"
——记翻身农奴、丁青县康富路街道居民勇忠旺扎

桑邓旺姆　陈志强

身份背景

勇忠旺扎，男，生于1938年5月，昌都市丁青县丁青镇康富路街道居民。

西藏民主改革以前，勇忠旺扎一家13口人都是农奴，吃不饱、穿不暖，因为疾病和饥饿等原因，家里5个成员相继离世。勇忠旺扎是尺牍镇白克丛家族的"索孜"（专门为农奴主放牧的奴隶）。

1959年，解放军来到尺牍镇，废除了农奴制度，给农奴分了房屋、土地、牲畜等。一夜之间，勇忠旺扎和西藏百万农奴一起变成了有家、有生产资料、有人权的公民。

在丁青镇康富路街道的一栋楼房里，勇忠旺扎老人坐在三楼阳台上惬意地晒着太阳，时不时抿一口酥油茶。看见记者一行到来，他亲切地邀请我们进入客厅，"大家请吃"，边说边将丰盛的食物摆到了记者面前。

"爷爷，身体怎么样啊？"

"我今年81岁了，虽然年龄大了，身体不如从前，但是平时就浇浇花、喂喂鸟，生活完全没问题。"勇忠旺扎老人笑着说。

客厅的书架上，摆满了各式各样的荣誉证书，正中间摆放着领袖像，精致的藏式家具摆满了客厅。

讲起民主改革以前的事，勇忠旺扎记忆犹新，"以前我们这地儿95%

勇忠旺扎老人正在浇花（桑邓旺姆 摄）

都是农奴,见到农奴主不允许抬头看,端食物必须恭恭敬敬。最惨无人道的是农奴连晒太阳的权利都没有,如果被发现便会记录在一个册子上,标上需要上缴的赋税,而这种税基本上没人能够偿还得了。"

当时,农奴主吃剩下的、喝剩下的,就是农奴的餐食。勇忠旺扎每天放牧的时候,农奴主会给他一个拳头大的糌粑,这就是他一天的食物了,"夏天放牧的时间很长,这点糌粑根本吃不饱。农奴主家的马都比农奴吃得好。"

在那黑暗的日子里,一朝为农奴便世代为农奴。勇忠旺扎的父母是农奴,所以他一出生便是农奴。"农奴的子女一出生就要被记录,那也意味着一辈子都摆脱不了农奴的身份。"勇忠旺扎告诉记者。

最让勇忠旺扎记忆深刻的是,农奴主会把不听话的农奴抓起来,实施酷刑,并挂在路边醒目的位置,用以警告所有农奴。

1959年民主改革,勇忠旺扎一家分到5间屋子、16头牲畜,后来又分到了好几亩土地,还分配了粮食、饲料,21岁那年勇忠旺扎终于获得了新生。

老人说:"后来的5年,我作为治安主任,在丁青寺看管反对废除农奴

制度的农奴主、贵族和土匪们,解放军会按月给我发工资。"

1964年起,勇忠旺扎在丁青县养护段工作,直到1994年退休。

勇忠旺扎始终教导两个儿子要感党恩、听党话、跟党走。两个儿子也如勇忠旺扎所愿,在各自的岗位上努力工作;大儿子勇忠达杰连续6年作为西藏自治区人大代表参加自治区"两会"。勇忠旺扎高兴地说:"我的儿子们都很争气,我打心底里高兴。"

"以前的我想都想不到会过上现在这样幸福美满的生活,在那个暗无天日、没有人权的年代,我忘记了什么是反抗、什么是尊严,直到解放军的到来,我才像是从梦境中苏醒过来。"勇忠旺扎说。

勇忠旺扎始终记得解放军来到尺牍镇的那一天,阳光温暖,天地广阔。"是共产党给了我新生,很庆幸我的子孙们可以在共产党的领导下,自由地成长,实现他们自己的价值。"勇忠旺扎感慨地说道。

勇忠旺扎老人在认真擦拭领袖像(桑邓旺姆 摄)

(扫描二维码了解更多视频、图片内容。)

"织"就幸福生活
——记翻身农奴、日喀则市白朗县桑巴村白玛

陈 林　楚武干

身份背景

白玛,女,1954年生,日喀则市白朗县旺丹乡桑巴村人。西藏民主改革前,全家7口人,均是桑巴村恰鲁庄园的农奴。孩童时期的白玛就跟着母亲在恰鲁庄园做活,差役繁重,吃不饱、穿不暖,还经常被农奴主欺负打骂,过着暗无天日的日子。民主改革后,白玛一家分到了土地、房屋,获得了人身自由,靠着祖辈传下来的编织技艺,如今,白玛和女儿卓嘎、孙女白央共同经营旺丹乡桑雄畜产加工农民专业合作社,带领乡亲们过上了幸福美好的生活。

旧西藏广大农奴中流传着这样的歌谣:"即使雪山变成酥油,也是被领主占有;就算河水变成牛奶,我们也喝不上一口。"

小时候的白玛虽然不理解歌谣的内涵,但在恰鲁庄园,母亲夜以继日编织的卡垫、毛毯等,自己不能享用,反而要全部上缴给农奴主。这一切,小白玛看在眼里、记在心上。

"那时候农奴主根本不把我们当人看,干一天活,两人仅分一碗糌粑,任务完不成还要挨打。"白玛回忆说。当时,全家共7口人,按照庄园规定,每天须完成7个人的编织量,这个重任全都落在了母亲一人身上,"阿妈白天种地,晚上编织,日日不停,夜夜不休。"白玛说。

有一次,母亲没有完成任务,被农奴主吊起来抽打。"那时候我还小,

看着母亲被鞭打,特别想哭,可是一哭我也会被打,吓得我都不敢哭。"回忆起往事,白玛仍心有余悸。

黑暗终究被黎明代替。1959年,民主改革让百万农奴翻身得解放。

"民主改革时,我5岁,还不知道这件改天换日的事意味着什么,只是记得当时凶恶的农奴主被解放军打倒了,很多人喊着'自由啦'的口号。"白玛回忆说。

民主改革后,白玛一家分到了房屋,后来又分到了土地。"我继续跟着母亲学习祖传的编织技艺。过去是为别人编,现在是为自己编,不一样了,有奔头。"白玛高兴地说。

1973年,白玛的女儿卓嘎诞生,从小跟着母亲白玛学编织。随着经济的发展,越来越多的人走上了致富的道路,作为祖传编织技艺的继承人,卓嘎决定:利用自己的编织技艺找到一条增收路。

2007年,34岁的卓嘎募资5000元钱,在日喀则市区租了一间小门面,销售自己编织的卡垫、毛毯、藏靴、藏被等产品。靠着精湛的做工和过硬的产品质量,小店的生意非常好。

2016年初,卓嘎回到桑巴村,在乡政府的帮扶下,和4名村民一起投资60万元,办起了白朗县旺丹乡桑雄畜产加工农民专业合作社。从此,卓嘎

白玛一家(陈 林 摄)

的"事业"开始向集体化、规模化方向发展。在全体社员的共同努力下,合作社发展逐步进入正轨。

这几年,卓嘎也慢慢走向"幕后",卓嘎的女儿白央接手了合作社。她从设备、管理、技术、人才等方面寻求突破,购买先进的编织器材,邀请各地民族手工业人才对社员进行培训,改进产品纹样和配色,增制新产品。在白央的带领下,合作社更加充满活力,声名远扬。目前,合作社共吸纳32名村民就业,平均每人每月工资3000元至6000元不等。2018年,合作社收益达100多万元。更可贵的是,白央还放眼全区发展,2019年6月,合作社在那曲市安多县的分店也正式投入运营。

白玛老人给乡亲们示范教授编织技术(陈林 摄)

"祖传的编织技艺是个财富,下一步,我计划借助党和政府的产业贷款惠民政策,购买新机器,扩大生产规模。同时,将吸纳的就业人数增至80人以上,带动更多村民脱贫致富。"面对未来,年轻的白央显得胸有成竹。

如今,白玛、卓嘎、白央,三代"绣娘"用双手勤劳致富的故事已在当地成为美谈。年过花甲的白玛老人依然"充满活力",除免费为社员传授技艺外,还积极向村民讲历史、说故事、谈变化,教育群众感党恩、听党话、跟党走。"现在的幸福生活是共产党给的,共产党的恩情是一辈子都讲不完的。"白玛老人坚定地说。

(扫描二维码了解更多视频、图片内容。)

"时刻铭记党的恩情"
——记翻身农奴、岗巴县果措村欧珠

张 斌　扎西顿珠　陈 林

> **身份背景**
>
> 欧珠，生于1944年，现年75岁，居住在日喀则市岗巴县龙中乡果措村。
>
> 西藏民主改革前，欧珠一家18口人都是日喀则定结县扎西曲培寺农奴。欧珠从小就开始为寺庙服差役，吃不饱穿不暖。1959年，欧珠被农奴主关押在小黑屋里，直至解放军来到解救了他，他的生活才开始改变。后来，欧珠通过自己的努力过上了幸福生活。如今，他做起了"四讲四爱"宣讲员，向群众讲述旧西藏的苦、新西藏的甜。

伴着微风，记者一行来到岗巴县龙中乡果措村欧珠老人家。他家院子宽敞干净，屋里家具摆放得整整齐齐，热情的主人不断给客人添着酥油茶。

"波啦，身体还好吧？生活怎么样？"记者和欧珠聊了起来。

"我身体好，生活很幸福！"欧珠笑着说。

"民主改革以前，我们一家人全部在扎西曲培寺支差，18口人就挤在用石块垒起来的破旧小屋里。春天要播种、夏天要放牧、秋天要收割、冬天要捡牛粪，一年四季有干不完的活、支不完的差。一年的收成全部要上缴寺庙，就连第二年春播的种子都不给留下。到了下一年春播时，种子还要从寺庙借。"欧珠说，"我哥哥到处借粮食的情景现在还历历在目。"

"借一碗,还两碗,交不了差,就会被农奴主赶出家门到处去借,直到把欠的粮食补上,可是这是一笔永远也还不清的债呀!"欧珠说,"那时候天天吃野菜,没一点力气,站都站不起来,全身浮肿。"

1959年5月,是欧珠一辈子铭记的日子。解放军来了!反动贵族们闻风而逃,只剩下几名看家护院的打手。欧珠和别的农奴被关在一间小黑屋里。

解放军赶走了打手,对欧珠他们说:"你们不要害怕,我们是来救你们的。"欧珠和伙伴们对这群态度和蔼的解放军充满了好感,感觉他们就像一束耀眼的阳光照进了小黑屋。

"解放军打开粮仓,给我们分发了粮食,分了一些生产资料。我家分到了7头牦牛和一些土地。"欧珠微笑着说。

几年后,欧珠一家从定结县搬到了岗巴县龙中乡果措村。1975年,欧珠当选为果措村公社大队长,这一干就是39年。

"我当选过县里的人大代表,只有在新社会,我们才有表达自己意愿的权利。"勤勤恳恳为民办事、踏踏实实过日子,这样的信念激励着欧珠走过了39年的基层干部生涯。

欧珠老人(前左二)和家人们在一起(扎西顿珠 摄)

如今，欧珠的两个孙子白玛顿珠和扎西次仁都是龙中乡远近闻名的村医，另外一个孙子尼玛仓决在上大学。"在旧西藏，农奴的后代出人头地，那是想都不敢想的。"欧珠感慨地说，"民主改革以后，支差再也没有了，只要肯干活，日子都会好起来！"

2012年，欧珠一家搬进了新盖的两层小楼房。退休后，他还领到了国家为"三老"人员发放的生活补贴。

2017年起，"四讲四爱"群众教育实践活动在全区如火如荼地展开。欧珠主动请缨，为村民们宣讲旧西藏的苦、新西藏的甜。

欧珠老人翻看自己的获奖证书（扎西顿珠 摄）

"这风风雨雨的60年，是共产党带领我们走出了黑暗，现在的生活都是共产党给予我们的，我们要时时刻刻铭记党的恩情呀！"欧珠激动地说。

（扫描二维码了解更多视频、图片内容。）

"助人是快乐之本"
——记翻身农奴、拉萨市城关区八一社区居委会土登

黄志武　格桑伦珠

身份背景

土登，1937年出生于拉萨市当雄县乌玛塘乡，从出生到18岁，一直和父母在当雄牧区支乌拉差役。年幼的土登每天天未亮就要出去放牧干活，直到天黑才能回家。1959年，土登被选到拉萨进修，命运从此发生了改变，1961年分配到尼木县工作，1992年在尼木县退休。如今，一家5口在拉萨市城关区八一社区居住，享受天伦之乐，其乐融融。

谈及过去，土登老人概括道："在旧西藏，吃不饱饭，穿不暖衣，睡不好觉，完成不了差役就挨打。"

因为没有足够的粮食和暖和的衣服，饥饿和寒冷夺走了很多农奴的生命，见证过死亡的土登，每天过得小心翼翼，生怕自己一不小心便和他们一样。

总结自己几十年的工作生活，土登概括为这样几句话："心中要有群众，手中要有技术，脑中要有政策。"

土登17岁那年，人民解放军派工作组来到当雄，建立了筹备农牧处，幸运的土登被选入其中进行培训学习。穿着暖和的衣服，吃着香喷喷的食物，学习着以前不曾接触的知识。土登特别珍惜这个机会，没有一丝懈怠。

培训结束后，表现优异的土登又被派往拉萨北郊的畜牧研究所进修，

随后被正式分配到尼木县工作,开始了他的兽医生涯。

1963年,毛泽东同志亲自题词,发出了"向雷锋同志学习"的号召。一时间,雷锋的名字响彻大江南北。也正是从那时起,雷锋精神刻在了土登的骨子里,扎根于脑海中,不可磨灭。

"雷锋同志将自己的一生都奉献给人民,真正做到了将有限的生命投入到无限的为人民服务之中。他的事迹在我看来是生命中最有意义、最应该做的事情,我要向他学习。"土登说。

从1961年工作到1992年退休,土登在尼木县工作了31年。在他和同事们的努力下,仅仅7年时间,全县牛的数量就从最开始的9万头增加到18万头。土登每年都会定期开办培训班,耐心教农牧民怎么使用疫苗,怎么识别牛瘟、牛肺病等;周围居民谁家有个难事,土登总会伸出援手;一有空闲,土登便会去看望孤寡老人;尼木县的沙化程度较严重,为了让大家有更好的生活环境,土登经常带上工具和树苗去植树,直到退休,土登共植树5000多棵。

2018年城关区道德模范"身边好人"进社区进学校巡讲巡演活动上,土登老人分享自己的先进事迹　　　　　　　　　　（格桑伦珠　摄）

土登老人在给花草浇水（格桑伦珠 摄）

土登笑着说："有人问我到底图什么，我什么都不图，我有的只是老一代人对自身的要求，以及一颗助人为乐的平常心。"

工作中，土登曾多次获奖，对于那些奖状，土登异常珍惜，全部完整保存至今。

"这一张是我才工作一年得到的，这张是退休时候颁发的荣誉证书……"土登老人向我们展示着一张张奖状，缓缓述说其中的故事，中途用手指着墙上粘贴的奖状，骄傲地说，"这些都是党和政府对我的肯定。"

做好事不难，难的是一直做好事、做一辈子好事。退休后的土登，搬到了拉萨市城关区八一社区居委会生活。在这里，他的热心依旧，很快成为八一社区居委会三组组长。"只要群众有困难，我一定会尽心尽力地去帮助他们解决。我很庆幸如今自己还能动，还有能力去帮助他人，发挥自己的余热。"土登老人高兴地说。

"助人是快乐之本，我受过旧西藏的苦，共产党将我从水深火热中解救出来，我就应该尽自己所能好好帮助别人。"如今，对于土登来说，帮助他人已经成为一种习惯，成为他快乐的源泉。

"帮助他人,我从内心深处感觉到快乐。你听,就连我的手机铃声都是《学习雷锋好榜样》。"土登老人露出笑容,"虽然我已经82岁了,但只要我还能走一步路,我就会将雷锋精神践行到底。"

土登老人通过自己荣获的证书,讲述西藏社会的大变迁

(格桑伦珠 摄)

(扫描二维码了解更多视频、图片内容。)

"要珍惜现在的幸福生活"
——记翻身农奴、曲松县邱多江乡宗须村扎西顿珠

马 静 段 敏 刘 枫 巴桑旺姆

身份背景

扎西顿珠,生于1935年,现住山南市曲松县邱多江乡宗须村。西藏民主改革前,扎西顿珠一家7口人是嘉玉豁卡的"差巴",一家人挤在一间破败的土坯房里艰难度日。除了放牧,扎西顿珠家还要承担繁重的差役。看到同龄人不堪重负纷纷逃跑,他也逃到了曲松县邱多江乡。民主改革后,扎西顿珠一家分到了4.5亩土地和1头耕牛、1头奶牛,住上了由党和政府补贴建成的安居房,生活幸福美满。

曲松县邱多江乡宗须村的扎西顿珠老人虽已84岁高龄了,但身板硬朗,精神矍铄,声音洪亮。

扎西顿珠老人家里墙上一幅巨大的毛主席画像格外引人注目,为主席像掸灰尘是他每日必做的功课。"我真有福气,从黑暗的旧社会一直活到了今天的美好时代。"扎西顿珠老人说。

回忆往事,扎西顿珠老人表情凝重,脸色暗淡,几度哽咽。老人回忆说,民主改革前,他们一家是嘉玉豁卡一个放牧点的"差巴"。父亲扎西平措是"差巴",母亲央金是"朗生"。

"那时候,'差巴'的子女永远是'差巴',所以我们生下来就是'差巴',根本没有选择的余地。"扎西顿珠老人说。

从记事起,他就和家人过着食不果腹的生活。"家里兄弟姐妹7个人,

农奴主给的糌粑根本不够吃,一家人经常饿着肚子干活。晚上睡觉没有被子,白天穿的衣服就是晚上的被褥。"虽然那一段苦难的生活已经过去半个多世纪,但扎西顿珠老人依然记忆犹新。

扎西顿珠老人告诉记者,每年藏历6月初,农奴主家的管家根吉,给所有年满16岁的成人每人发25头牛,9月底按每头牛9公斤酥油的标准收税,不够的就要罚4个月的口粮。

"完不成任务是常事,克扣也是常事,挨打更是常事。"扎西顿珠说,"饿啊,逮到什么就吃什么,我们经常找荨麻充饥,夏天多采点,晒干了留着冬天吃。"说着说着,老人的眼圈开始泛红,"那样的日子太苦了,现在回想起来心里都难受得很。因为不堪忍受饥饿和毒打,我的两个兄弟平措和多吉逃了出去,我也想跑,但不知道往哪儿跑。"

1959年年初,见管理松懈,扎西顿珠逃到了曲松县邱多江乡。正当他担心会被抓回去时,赶上了民主改革。"要是没有民主改革,也许我早被他们抓回去打死了。"扎西顿珠老人说。

扎西顿珠老人与小女儿次仁卓玛合影(段 敏 摄)

"要珍惜现在的幸福生活"

扎西顿珠老人在用太阳能烧水（段 敏 摄）

"直到今天,我都清楚地记得,那天,村里来了几位干部,说庄园主已经被解放军赶跑了,要给我们分土地。我简直不敢相信,这种好事怎么可能轮到我们'差巴'身上。但这都是真的。"说到民主改革,扎西顿珠老人高兴得不得了,仿佛像个小孩。他告诉记者,"民主改革时,家里分到了4.5亩土地和1头耕牛、1头奶牛,没多久又在村干部和乡亲们的帮助下盖起了房子,生活一下子从地狱到了天堂。"

如今,扎西顿珠老人年事已高,不再从事体力劳动,但在国家政策的帮助下,生活得很幸福。"草补、低保、80岁寿星老人补贴等各项补助加起来一年有2万多元。此外看病有医保,小病在乡卫生院看,大病到县里和市里看,看病费用百分之九十都可以报销,以前哪敢想哦!"扎西顿珠老人激动地说。

扎西顿珠老人是个乐天派,别看他已经80多岁了,可一点都闲不住,闲暇时义务担任村里"四讲四爱"宣讲员,给乡亲们讲述新旧西藏的变化。他说:"我亲眼见证了西藏发生的翻天覆地变化,真正享受到学有所教、病有所医、老有所养、生活有希望。我要把亲身经历告诉更多人,让大家珍惜现在的幸福生活,永远感党恩、听党话、跟党走。"

扎西顿珠老人在介绍党和政府的补贴发放情况(段 敏 摄)

(扫描二维码了解更多视频、图片内容。)

"幸福生活我还没有过够"

——记翻身农奴、普兰县赤德村阿旺

温 凯

> **身份背景**
>
> 阿旺,男,1945年出生,普兰县普兰镇赤德村人。西藏民主改革前,阿旺全家12口人均为农奴,居住在贤柏林寺山脚下的窑洞里,过着食不果腹、衣不蔽体的生活。直到7岁那年,父母才用捡来的牦牛皮给阿旺做了第一双鞋。而他的第一条裤子,则是从尼泊尔商人那里讨来的,一穿就是好几年。民主改革后,阿旺家分到了田地和牲畜,居住条件也变好了,从此过上了新生活。他先后当过赤德村作业组长、通讯员,直到赤德村村委会主任,2005年退休。20世纪70年代,他还光荣地加入了中国共产党。如今,阿旺过着衣食无忧的幸福生活,即将住进更舒适的边境小康村新居。

阿旺老人的家,坐落在普兰县普兰镇赤德村最为肥沃广阔的一片青稞田边上。时值盛夏,这里的青稞绿意盎然、长势喜人,其间夹杂着一两块金黄的油菜田,格外迷人。

今年74岁的阿旺老人,用自己的一生,见证了这片土地自民主改革以来发生的沧海桑田般的变化。

"民主改革前,我们全家都是农奴,父母一辈子给三大领主做牛做马,还养育了10个子女,生活特别艰难。"阿旺回忆说。

那时候,阿旺一家12口人住在贤柏林寺山脚下的窑洞里,两三个人住一个窑洞,黑黢黢的窑洞里没有床,就在地上铺点稻草勉强睡觉。父母给领主干的活从种地、磨面到提水样样都有,却没有一分钱收入,仅能换一些最粗糙的糌粑吃个半饱。

"最累的活就是提水,要从河边把水提到几百米高的贤柏林寺山顶,供领主们用,一趟要花个把小时,每次下来父母都累得直不起腰,要坐在地上喘半天气。"时至今日,阿旺说起这段往事,语气中仍然充满着难过。

由于年纪小,阿旺给领主们支的差还比较轻松,主要是牵牛牵马这些活。有时遇到领主心情好,除能吃到糌粑之外,还能喝上一杯清茶。对小阿旺来说,这就是最大的赏赐,可以让他开心一整天。

直到7岁那年,阿旺的父母才用捡来的牦牛皮子给他做了第一双鞋。而他的第一条裤子,则是从尼泊尔商人那里讨来的,一穿就是好几年。

盼啊盼,阿旺一家终于盼来了民主改革,从此强加在他们头上的层层枷锁被打破,农奴翻身做了主人。

"民主改革后,我分到了3亩地,和两个兄弟一起分到了一头牛。"阿旺笑着说,"分到地的那天,我绕着自己的地走了好几圈,一直在想以后要种好多好多青稞,再也不会饿肚子了。"

当时,国家还给阿旺一家人在窑洞外建起了围墙和基本的生活设施,让一直住在窑洞里的他们终于体会到家的感觉。

此后,阿旺在这片土地上辛勤耕耘、成家立业,养育了5个子女。他自己也先后当上了村作业组长、通讯员、赤德村村委会主任,直到2005年退休。20世纪70年代,他还光荣地加入了中国共产党。

阿旺的9个兄弟,除一个和他一样留在老家外,其余全部借着民主改革的春风,走出普兰,当上了公务员,走向更广阔的世界。

时光荏苒,已进入古稀之年的阿旺如今和女儿次旺桑姆一家生活在一起,每年光是领取的各种国家政策性补助就有1万多元,衣食无忧、安享晚年。借着普兰县边境小康村建设的契机,家里盖起了两层带暖廊的新居,估计2019年年底就能入住。

如今,腿脚略有不便的阿旺老人最大的爱好,就是看着工人们来家里,一砖一瓦地把房子盖成自己想要的样子。

"我的家和普兰县一样,每天都在发生新的变化。比如我们赤德村,从过去的9户人家发展到今天的50多户。"历经岁月沧桑,阿旺老人深有感触地说,"我现在最大的心愿就是多活几年,在新房子里多住几年,这样的幸福生活我还没有过够!"

"爸爸您会活到100岁的!"女儿次旺桑姆在旁边笑着说。一阵带着青稞香气的风吹来,拂在每个人的心头,暖暖的、甜甜的。

阿旺老人和女儿次旺桑姆在即将入住的新居前(温 凯 摄)

(扫描二维码了解更多视频、图片内容。)